To.

....

....

....

From.

CROSS SERIES

세상을 바꾸는
크로스공부법

들어가는 말

　이 책에 있는 모든 내용에 속한 글자 한 자 한 자에 필자와 많은 동료들의 땀이 배어있다. 세상에 존재하지 않았던 이론을 주장하고 심지어 그 대중성까지 갖추어야 한다는 사명감은 일생동안에 한 번도 경험한 적 없었던 새롭고도 엄청난 도전이었다.

　처음엔 도전의 시작점에서 필자는 혼자 서 있었을 뿐이었다. 목표는 까마득하게 멀어보였고 가운데 놓인 긴 세월과 시련들은 아가리를 쩍 벌리고 있는 망각의 계곡 같았다. 그러다 필자는 '만약 이 이론이 정말 옳다면 주변사람들에게 전파하고 그들에게 이 이론을 납득시키고 동참시키면 서로에게 큰 힘이 될 것이 아닌가?'라는 생각을 하게 되었다.

　마침내 다른 사람들을 섭외하고 설득하고 대화하고 이 이론 전파하기를 시도했다. 아직도 첫 번째 대화자와의 대화에서의 그 기쁨을 잊을 수가 없다. 그 대화는 내게 힘을 주었다. 그러한 경험은 놀랍게도 계속 반복되었다.

몇몇 대화 속에서 필자가 느낀 기쁨들은 심지어 환희라 불리기에 충분한 것들이었다. 그 분들과의 소중한 만남을 통해 필자는 이 이론의 상세성과 대중성이라는 두 마리 토끼를 잡을 수 있었으며 어둠의 계곡을 가로지를 다리를 발견하게 되었다.

저자로는 감히 이름만이 올라가 있지만 필자는 그 고마운 분들의 수고를 결코 잊을 수가 없다. 그 분들이야 말로 이 책의 공동저자이며 필자의 생명의 또 다른 근원이다.

효율적인 공부에 대한 부분들은 10여 명의 협력자들이 그 실효성을 증명해 주었으며 건강에 대한 부분들과 심리상태에 대한 부분들도 상당부분 입증되어졌다. 비록 과학적인 입증에 필요한 대규모의 실험은 아닐지라도 시작으로서는 부족함이 없으리라고 자신한다.

필자가 연구를 시작한 이 분야 즉 **두뇌와 공부와 건강의 삼각관계**는 '균형'이라는 조정자를 통해서 서로 연결되어있다. 리듬간의 균형, 예습과 복습간의 균형, 마지막으로 운동과 수면 그리고 공부와의 균형이 그것이다. 우리는 이 세 균형들을 잘 유지하고 지키면서 효율성을 제고해야 한다.

인간은 결코 공부나 운동만을 위하여 디자인되어진 기능적 존재가 아니다. 그럼에도 불구하고 현대사회는 '전문적'이라는 수식어를 붙인 '분업'을 요구한다. 하지만 우리 인간은 이런 막연한 전문화에 매몰되어질 수 없는 균형적 존재이어야만 한다. 우리는 끊임없이 스스로에게 물어봐야 한다. 건강을 지키면서, 공부를 즐기면서, 충분한 수면을 취하면서, 균형을 유지하면서도 '전문화'될 방법이 없는지를 말이다.

이 책이 그 질문에 대한 필자의 대답이다.

- 2014년 어느 맑은 저녁에 세월호의 희생자들을 추모하면서

Ugly Kim

어글리 킴

두 뇌 와 공 부 와 건 강 의 삼 각 관 계

세상을
바꾸는
크로스
공부법

어글리 킴
(Ugly Kim)

초판 서문

드디어 계기를 얻어 평생의 숙원인 공부 방법에 대한 몇 가지 발견들을 정리하고자 한다. 나는 별 볼일 없는 자이지만 내가 발견한 이 원리들만은 결코 사장될 수 없다.

원래 이번 책자의 분량은 최대한도가 아니라 최소한도로 꼭 필요한 분량만을 정리하고자 하였으므로 나름 축약하고 축약하여 꼭 필요한 것만 추려서 정리하고자 한다.

우선은 주위에 있는 사람들에게 배포할 예정이며 가능하다면 **배움에 목마른 더욱 많은 분들**을 위해 제대로 출판되어지기를 바란다.

확장본은 차차 준비하여 그 세목을 충실하게 가다듬어서 추후 발매를 목표로 하고 있으며 이를 위한 독자분들의 따뜻한 관심을 기대한다. 만약 피치 못할 사정이 있어서 본인이 그 역할을 하지 못한다면 누구라도 좋다.

이 방법으로 성과를 내고 자신있어하는 분들이라면 감히 새 버전을 내도록 하라. **세상은 무한하고 필자후보들도 무한한 법이다. 단지 본인이 신기원을 이룬 자임을 자부심으로 삼을 뿐이다.**

신 기 원

이 책의 제목대로 세상을 바꿔보자. 책상 앞에 앉아 있는, 시간에 비중을 두는 **양**(量) **위주의 학습관을 균형과 효율성 그리고 속도위주의 새로운 관점으로 교체하자.**

이 책의 내용을 믿는 분들이 많아질수록 차차 세상은 변화될 것이다. 밤늦게까지 학교에 남아 야자를 하고, 각종 사교육을 받아야만 했던 학생들이 **부모님들에 의해 수면과 운동을 권장 받는** 그런 꿈같은 세상을 만들어보자.

사교육도 획기적으로 줄어들 것이다. **다독, 나눠이해하기, 눈으로 읽기의 원리** 등으로 무장한 학생들은 예전에 불가능했던 **독자적** 학습력을 갖추게 될 것이고 사교육은 정말 이해력이 현저하게 떨어지는 일부 학생에 한정될 것이다.

필자는 이미 이 책에 의해 변화될 미래를 보고 있다. 여러분에게는 이 말이 다 꿈인가? 내게는 확실한 미래다. 필자의 반생동안의 성과물인 이 책과 독자분들의 믿음과 지혜가 합쳐질 수 있다면 분명히 그런 새로운 미래가 펼쳐지리라.

일단 공부를 엄청나게 잘 하고 싶다면 그 최후의 목표는 올바른 다독을 하는 것이다. 다시 그 올바르게 다독하는 법은 필수적으로 눈으로 공부하기를 제대로 사용하기를 조건으로 한다.

눈으로 공부하려면 확실한 두뇌의 청명함과 균형이 필요하니 그 다음으로 중요한 것은 예복습의 균형 즉 좌우의 균형이고 또 오래 제대로 버티기 위해서는 충분한 수면과 운동이 절실하게 필요해진다.

다독 ➡ 눈의 사용 ➡ 각종 균형 ➡ 최고의 공부법

급하신 분들은 다독-눈으로 공부하기 순으로 읽고 나머지 부분들을 읽도록 하시라. 하지만 명심하라. 훌륭한 공부방법은 모든 것의 조화라서 이 책을 다 읽고 일부만 읽어서는 별로 소용이 없다.

"기억하라. 훌륭한 공부법은 하나의 거대한 구조물인 것이다."

그리고 반드시 주의할 사항을 말씀드린다. 상식을 벗어나기 싫어하는 소위 보수적인 분들은 이 말머리만을 보고 접으시기를 권한다. 뒤에 나오는 이야기 중에 99%는 상식과 배치될 것이다. 그 거북함이 상상된다면 미리 포기하시라.

하지만 얼마나 아이러니한가? 필자는 99퍼센트의 상식이 항상 승리한 결과 지구가 아직 네모난 상태에서 살고 있었을지 모를 그런 세계에서는 단 1초도 살고 싶지 않다. 당신도 어쩌면 그렇지 아니한가?

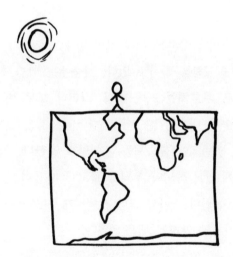

서평 |

　오래도록 교육계에 종사해온 사람으로서 김의중 선생의 "세상을 바꾸는 공부법"과 이 책을 출판하기로 한 취지에 공감한다.

　김의중 선생의 이론은 어찌 보면 현재의 주류가 되어 있는 학습 방법에 일침을 가하고 있다. 시중에는 학습서 즉, 공부하는 요령을 가르치는 책이 많다. 그러나 모두 비슷한 내용의 두루뭉술한 내용일 뿐 "이것이다"라는 책은 찾기 어렵다. 예를 들면, 일반적인 학습서들은 이렇게 말한다. '공부를 하는 사람에게 있어 좌뇌와 우뇌를 골고루 사용하는 것이 학습의 효과를 높인다.'라고. 그러나 어떻게 사용해야 하는지에 대해 구체적으로 말하는 책은 없었다.

　이 책은 좌뇌와 우뇌를 효과적으로 사용하는 방법을 다양하게 제시하고 있다. 독서의 방법을 바꿔 본다거나 적절한 신체활동을 예로 들어, 공부하는 사람의 뇌 사용에 대한 불균형을 바로 잡는 방법을 안내하는 것이다. 이는 매우 흥미로운 발상이다. 이것이 저자가 그동안 가르친 학생들을 대상으로 20여 년간 얻은 경험의 결과라는 점이 더욱 그러하다.

20여 년간 터득한 노하우를 남에게 공개하기란 결코 쉽지 않을 터, 그 용기에 박수를 보낸다. 오랜 시간을 공부해야하는 수험생과 고시를 준비 중인 이들에게 도움이 되고자 하는 그 취지와 제목처럼, 세상을 바꾸는 공부방법이 되었으면 한다.

- 2013년 잠실에서

자성영어학원장 신 창 헌

서평 II

세상에는 수없이 많은 다양한 공부법과 학습서가 존재한다. 이렇게 다양한 공부법과 학습서가 존재한다는 것은 삶을 인간으로서 영위할 수 있게 해주는 가장 크고 기본적인 것들 중의 하나가 공부라는 것이기 때문이며 더불어 개개인의 취향과 성향이 무수히 다름을 말해주고 있는 것이다.

공부라는 것이 평생을 걸쳐 진행되는 과정이라고는 하나 학습법이 필요한 시기는 성적이라는 결과물이 발생하는 학창시절에 집중될 것이다. 많은 학생들을 보면 공부하는 과정이 성장의 개념이 아닌 학창시절 스트레스의 원인이 되어버리는 안타까운 현실에서, 이러한 수많은 공부법과 학습서의 존재는 또 다른 스트레스의 원인이 되는 것은 아닐까 싶다.

김의중 선생님의 "세상을 바꾸는 공부법"은 이미 존재하고 있는 수많은 학습서와는 다르다. 이 책을 읽으면서 저자가

도출해낸 이론 중 일부는 이미 우리 경험했거나 어렴풋이 느꼈던 것들일 수 있는데 그것이 이 책의 장점이 아닌가 한다. 막연하게 누구나 말할 수 있는 그런 공부방법이 아니라, 필연적으로 공부가 강요되는 학생들에게 보다 구체적이고 효일적인 방법을 제시함으로써 보다 수월하고 효율적인 학업이 되도록 할 것이다.

마지막으로, 저자가 공부하면서 느낀 의문과 해결책들이 이 책을 읽는 많은 학업에 뜻을 둔 이들에게 좋은 지침이 되기를 기원한다.

- 2013년 성남에서

에듀매스학원장 한 동 수

CONTENTS

어학연수보다 나은 외국어공부법

첫 번째 특집으로 뽑은 것은 어학연수를 능가하는 외국어 공부법이다. 단지 외국어를 잘 하기 위해서 얼마나 많은 어린 학생들이 고국을 떠나 멀고 먼 타향에서 고생을 해야 하는지 들어왔고 목격해온 필자에게 이 주제는 심히 중요한 것이다.

'어학연수라!' 엄청난 국부가 해외로 유출되고, 가족의 생이별을 초래하고, 그도 모자라서 많은 학생들이 마약 등을 포함한 좋지 않은 타락의 길에 물드는 계기가 되지 않는가?

필자가 발견한 혹은 개발한 '세상을 바꾸는 공부법'의 이론은 커다란 나무의 줄기와 같아서 어느 특정 과목이나 책 등의 지식접근체계를 과거와는 완전히 다른 시각으로 접근해서 훨씬 더 효율적인 새로운 해법을 제시해주는 장점이 있다. 그러나 이러한 이론의 적용이 좀 더 세밀한 현실과 부딪혀서 제대로 작동하도록 완벽한 시스템을 구축하는 데는 수 많은 시행착오와 많은 분들의 협력이 필요한 것이 현실이다.

외국어를 군이 외국에 나가지 않고서도 단지 책상에 앉아서 그 이상의 효과를 낼 수 있다는 말에 많은 독자들은 그 진실성에 의문을 가질 수밖에 없을 것이다.

필자는 다음의 질문들로 이를 되받고자 한다.

외국에 나가서 외국인과의 대화중에 잘 이해가 되지 않는 부분을 여러 번 반복해달라고 부탁할 수 있는가? 필요할 경우에 백번이라도 다시 리플레이 해달라고 말 할 수 있는가? 책상에서는 가능하다.

문장을 길게 말해주는 것이 잘 들리지 않아서 중간에 문장을 끊어서 일단 이해하고 다음으로 넘어가고 싶다고 '스톱!'이라고 외칠 수 있는가? 책상에서는 가능하다.

트로이 문명을 발굴한 실리이만은 수십 개의 외국어에 능통한 것으로 유명하다. 그는 이 많은 언어에 능통하기 위해서 극장의 제일 앞에 앉아서 자막을 큰 소리로 읽어내면서 공부했다고 한다. 현대에 실리이만이 살아있다면 그는 아마도 해당 국가의 영화를 상영하는 영화관을 찾아갈 필요가 없을 것이다.

수많은 종류의 IT기기들과 이 책에 있는 이론의 조합은 이러한 기적을 가능하게 해준다. 부언하자면 여기서 필자가 새로운 이론에 따라 설명하는 내용들은 앞으로 더욱 발전될 새로운 방식에 비하자면 고작 걸음마단계일 뿐이다. 그러나 그것만으로도 충분하다. 비싼 비용과 가족과의 생이별을 댓가로 지불하고 굳이 해당국가로 가서 직접 배워야만 한다는 '어학연수 만능론'에 대한 반격에는 아주 아주 충분하다.

믿고 따라해보라. 이해력이 좋은 분들은 이 과정을 일주일만 거쳐도 결코 어학연수를 가려고 하지 않을 것이라는 사실은 아주 확실하다. 단 어설프게 대략 이해한 것만을 가지고 다 안다고 착각하지는 말자. 제대로 오랫동안 확실히 투자를 해야만 확실한 효과를 볼 수 있기 때문인데 이 '제대로'라는 것이 마냥 쉽지는 않다.

따라서 한편으로는 책 내용의 주문대로 충실히 공부해보면서 틈틈이 이 책의 다른 부분들을 읽고 이해해보라. 왜 이런 식으로 외국어를 배우는 것이 효과적인지 이론의 뿌리를 거슬러 올라가도록 하라. 그리고 자신이 놓치고 있는 부분이 혹시라도 없는지 끊임없이 점검해보라. 일주일이면 어학연수를 가지 않을 만큼 자신감이 생길 수 있지만 전문가가 되려면 최소한 한 달 이상 이 주제에 매달려야 한다.

이 이론과 어학공부의 상세한 설명을 완전히 이해해보라. 그러면 책상에 앉아서 공부하는 것만으로도 어학연수를 가는 것보다 더욱 '완벽한' 외국어를 할 수 있다는 사실을 인정할 수 밖에 없을 것이다.

다음 특집은 '천재만들기'에 대한 것이다. 제목은 물론 바뀔 수 있다. 내용이 그렇다는 것이다. 타고 태어나는 극소수의 천재들에 대한 이야기는 당연히 아니다. 일반인들이 천재가 될 수 있으며 충분히 어느 한 분야에서는 그와 같은 수준에 올라서는 것이 어렵지 않다는 것을 설득력있게 설명하려고 한다. 이미 이론과 실제 실험을 통해서 많이 가다듬어진 상태이기는 하지만 좀 더 신중하고 확실해진 다음에 이 특집과 함께 수정판을 낼 예정이다.

실험들에 확신이 서지 않으면 '암기과목을 효과적으로 공부하기'로 주제가 바뀔 수도 있다. 한참 동료들과 실험중이며 꽤 완벽하게 가다듬어진 상태이기 때문이다.

지금까지 정해진 대략적인 소제목들은 다음과 같다. 물론 변경될 것이다. 참고용이다.

다음 특집 제목 : 천재는 만들어질 수 있다

1. 타고난 천재 이외의 3종류의 천재

2. 천재로서의 삶을 유지하는 방법

3. 공부리듬의 다양한 활용

4. 단위의 이용

5. 천재로 살기위한 건강법

수정판에 대한 계획들은 벌써 많이 잡혀있다. 이 이론을 개별적인 소제목들에 적용하여 현실에 걸맞는 옷을 입히는 과정은 앞으로도 계속 될 것이다. 물론 독자들이 원하시는 공부와 건강에 관련되는 주제들을 피드백 해주신다면 가능하면 독자들이 궁금해 하는 것부터 특집으로 싣고자 노력하겠다.

지금까지 논의되는 차후 특집 주제들

1. 암기과목 잘하기

2. 건강한 삶 혹은 더 젊어진 삶 만들기

3. 게임중독에 대한 확실한 치료법

4. 수학을 정말 잘 하는 방법

5. 법률을 공부하는 효과적인 방법

6. 각종 질병에 대한 예방과 치료에 도움이 되는 공부 및 체조

…

100. 기타 연구 중에 혹은 독자들의 청원에 의해 대두되어지는
　　　주제들

　독자분들의 무한 피드백을 희망한다. 필자와 같이 '세상을 바꾸어' 보자. 이 세계 어느 곳에서도 발견 못한 새로운 시작점에서 같이 출발해보자. 자랑스러운 대한민국인 으로서 필자와 같이 세계로 나가보자.

　추후 필자의 이론이 인정받고 자금이 뒷받침 된다면 '공부학'(가칭)의 메카가 될 연구소를 설립하려고 한다. 많이 도와주시라. 여러분들의 관심과 응원이 새로운 역사를 쓰려고 하는 필자와 이 이론, 이 책에 힘을 보태는 것이다.

　그래서 언젠가는 대한민국의 보잘것없고 하찮았던 한 인간과 그를 이해하고 인정해주는 훌륭한 많은 분들의 만남이 진정 '세상을 바꾸게' 될 것이다.

따라하면 완벽해지는 외국어공부법

다음과 같이 필자가 주장하는 내용에 따라 그 순서대로 따라오신다면 여러분은 누구나 그 해당 외국어를 그 외국인들이 하는 것처럼 똑같은 정확한 발음과 빠른 속도로 표현할 수 있게 될 것이다.

1. 교재 고르기

교재를 고르는 것은 이러한 공부 방법에 있어서 가장 중요한 출발이다. 이런 책을 고를 때에는 서점에서 직접 본인이 책을 보고 고르는 것이 가장 좋은 방법이다. 첫 번째 기준은 반드시 오디오 CD가 동봉 되어져 있어야 한다는 것이다. 물론, 인터넷에서 다운 받는 시스템으로 구성되어져 있는 책도 관계없다.

이와 같이 오디오 CD가 포함되어 있거나 반드시 음성 파일이 제공되어져 있는 책을 고르는 이유는 확실하다. 당연히 그 나라 말을 하는 사람들의 발음을 정확히 듣기 위해서이다.

외국어를 배우는 보통 사람들의 공부 순서는 다음과 같다. 일단 문자체계를 배운다. 문자체계는 보통 나라마다 다른데 예를 들어 일본어에서는 히라가나, 가타카나를 먼저 배우고, 알파벳 문화권에서는 ABCD를 각각 그 나라 말로 새로 배우는 과정이 처음에 들어가기 마련이다. 그리고 그 다음에 기본적인 문법을 배우고 이를 바탕으로 독해, 어휘를 늘리고 마지막에 회화를 배우는 것이 일반적이다.

하지만 누구나 알다시피, 한국에서의 이런 교육 방식은 막상 외국인들을 만났을 때에는 무기력하기 그지없다. 그렇다면 무엇이 잘못된 것인가? 이 순서가 일단 잘못되었다고 볼 수밖에 없지 않은가. 어린애가 제일 처음에 해당 나라 말을 어떻게 배우는지 생각해보라.

제일 먼저 뜻을 알 수 없으면서도 부모님의 수다를 듣게 되고, 한참 뒤에 단어 한두개를 알아듣게 되고, 점차 흉내내다가 제일 처음에 엄마 혹은 아빠 정도로 말을 시작한다. 그리고 수년동안을 듣는다. 말 한두마디를 짧게 짧게 흉내내다가 점차 문장을 만들 수 있게 되고, 제일 나중에서야 문자 체계와 문법 등을 배우게 된다.

그래서 다음과 같이 제안하는 것이다. 발음이 우선이다. 그것도 정확한 발음이 필요하다. 정확한 발음도 다시 수도 없는 반복이 필요하다. 그리고 발음이 익숙해진 다음에 나머지를 해야 하는 것이다. 알파벳보다도 문법보다도 정확한 발음이 우선이라면, 조금 전에 오디오 CD가 포함된 책을 고르는 것은 당연한 결론이다.

그러나 이것만 가지고서는 부족하다. 조금 더 상세한 지침이 필요한 순간이다. 이런 오디오 CD 속에 들어있는 음성 파일은 그 길이가 보통 최소 2분에서 최대 10여분 가량 된다. 최소인 2분을 기준으로 하더라도 그 발음을 정확하게 외우기는 불가능하거나 너무나 많은 시간이 걸린다. 우리에게는 이렇게 많은 시간을 허비할 여유가 없지 않은가.

사람이 의미를 모르는 채로 들리는 소리를 기억할 수 있는 순간적인 기억력의 한계는 보통 7초 정도라고 한다. 따라서 필자가 주장하는 가장 적당한 길이는 처음에 최소 3초에서 나중에 최대 15초 가량이다. 오디오 CD 속에 있는 파일을 자신의 수준에 맞도록 잘라서 편집을 해보자. 우리에게는 막강한 힘을 가진 컴퓨터라는 든든한 친구가 있지 않은가. 오디오 CD에서 음성파일을 추출하자, 그리고 편집을 하자. 필자가 주로 사용해 온 음성편집 도구는 Audacity라는 프로그램이다. 물론 음성편집용 프로그램은 이 외에도 많이 있다. soundforge, Power Sound Editor Free,Mp3DirectCut,MEF(Music Editor Free),Wavosaur,Traverso DAW 등이 그것이다. 어떤 프로그램을 사용해도 좋다. 오디오 CD에서 음성 파일을 추출하는 방법과 이 프로그램을 이용하는 방법은 다음과 같다.

2. 오디오 CD에서 음성 파일 추출하기

오디오 CD에서 음성 파일을 추출하는 과정을 영어로 ripping이라고 한다. CD롬에 집어넣을 수 있는 CD는 크게 두 가지로 나뉘어질 수 있다. 데이터 CD와 오디오 CD가 그것이다. 물론 다른 규격의 CD도 있기는 하지만 그것은 논외로 치자. 여기서 다루고자 하는 것은 오디오 CD에 대한 것이다.

아예 데이터 CD로 주어지는 경우에는 이 과정은 필요가 없다. 그 여부를 알 수 있는 방법은 윈도우 탐색기를 열어서 해당 CD롬에 있는 데이터를 읽을 수 있는 지를 확인해보면 된다. 윈도우 탐색기에 폴더나 음성파일들이 완전한 형태로 뜰 경우에는 굳이 ripping과정이 필요하지 않다.

먼저 CD를 집어넣어서 위와 같은 과정을 통해 CD의 종류를 파악해보자. 그리고 해당 CD가 데이터 CD가 아니고 오디오 CD라는 것을 알게 되었다면 옵션에서 MP3파일로 읽어 들이는 기능을 이용하면 오디오 CD를 집어넣었을 때 복사하기 과정 중에 하드 디스크에 음성 파일을 MP3로 저장하게 된다. 원래 이 프로그램의 목적은 복사 CD를 만드는 것이지만 우리는 이런 목적이 아니라 하드디스크에 저장된 MP3파일을 편집하는 것에 그 목적이 있다.

제일 먼저 윈도우 미디어 플레이어를 띄워 놓고 다음과 같은 과정을 거치자. 윈도우 미디어 플레이어 화면에 보면 버전에 따라 다르기는 하지만 왼쪽 위에 메뉴 버튼이 서너개 정도 있기 마련이다. 하나 하나를 눌러서 확인해 보면 옵션이라는 것이 있다. 보통의 경우에 구성 버튼에 달려있는 경우가 많다.

구성 버튼에서 옵션버튼을 다시 클릭하면 음악 복사라는 옵션 항목이 존재한다. 해당 화면에서 복사 설정 메뉴 중 형식에서는 MP3를 선택하고 '자동으로 CD복사' 버튼을 눌러

준다. 독자들의 선택에 따라서 복사가 끝나면 CD 끝내기라는 항목을 체크할 수도 있다.

그리고 여유가 있는 하드디스크의 용량을 확인한 후, 충분히 여유가 있는 본인이 원하는 폴더를 선택해서 해당 위치로 음악복사라는 메뉴에서 설정을 하도록 하자. 그리고 확인과 적용 버튼을 눌러서 해당 변경사항을 저장토록 한다. 이제 준비는 끝났다.

이 과정 자체가 이해하기 어려운 독자들은 컴퓨터를 잘 아는 친구나 주변 분들에게 도움을 요청해보자. 한번만 제대로 설정해놓으면 그 다음 부터는 이와 같은 복잡한 설정 작업을 거치지 않아도 된다.

이제 CD를 다시 집어넣자. 자동으로 오디오 CD를 읽은 후 재생 목록 만들기 항목이 뜨게 된다. 추출하고자 하는 해당 음성 파일의 체크박스들이 나타난다. 제일 위의 박스를 누르면 전체가 체크되므로 일단 그것을 먼저 체크하도록 하자. 그리고 CD 복사 버튼을 누른 뒤 잠시 기다리면 MP3형태로 해당 폴더에 음성파일들의 복사가 완료된다. 여기서 공CD를 집어넣으면 해당 파일이 새로운 CD로 복사가 되겠지만, 우리의 목적은 이것은 아니다.

위와 같이 윈도우 미디어 플레이어가 CD를 ripping하는 기능을 다 제공하는 것은 아니다. 버전에 따라서는 이것이 불가능할 수 있다. 따라서 이런 경우에는 EZ CD Audio converter 등의 컴퓨터 프로그램을 사용해보자.

이 프로그램은 누구나 인터넷을 검색해서 무료로 다운받을 수 있는 쉐어웨어 프로그램이다. 유료버전도 있기는 하지만 약간의 속도차나 몇가지 기능들이 추가된 것을 빼놓고 CD ripping에 관련해서는 차이가 없다.

자신의 윈도우 버전을 확인하고 다시 32비트인지 혹은 64비트인지를 확인해서 해당 버전의 EZ CD Audio converter를 다운받도록 하자. CD를 집어넣고 이 프로그램을 띄우면 ripping이 될 수 있도록 설정이 되어 있다. 왼쪽 제일 위에 눌려져있는 버튼이 ripping 버튼이다. 포맷과 폴더 등은 아래쪽에서 설정을 변경하도록 되어 있다. 포맷 형식은 MP3로 지정이 되어 있기 때문에 건드릴 필요가 없다. 폴더는 바꿔주는 것이 좋다. 제일 용량이 크거나 본인이 원하는 폴더를 지정해서 정해준 후에 오른쪽 아래에 있는 Rip CD 버튼을 클릭하면 작업이 완료된다. 한번 저장된 폴더는 계속 유지되기 때문에 필요에 따라서 폴더의 위치만 바꿔주면 된다.

간혹가다가 ripping 시간이 오래 걸릴 수가 있기 때문에 충분히 기다려서 모든 파일들이 완료가 되었는지를 확인하고 위 프로그램들을 종료하도록 하자. 그리고 해당 폴더로 들어가서 원하는 파일이 모두 제대로 작업이 되어 있는지 확인하자. 이제 준비는 끝났다. 다음 작업을 진행하자.

3. Audacity 이용하기

Audacity는 대표적인 음성 편집 프로그램이다. 심지어 이제는 한글로도 제공되어지고 있다. 가능하면 독자들은 한글 버전으로 받도록 하라. 다운받은 후, 실행파일을 클릭하면 보통 언어 선택화면이 나타나고 가능하면 한글, 아니면 본인이 가장 자신있는 언어로 선택을 하자. 초기에 경고화면이 뜨는데 그냥 확인을 눌러주면 된다.

이 프로그램을 띄우고 파일 버튼을 눌러서 나온 목록 중 열기 메뉴를 통해서 해당 MP3파일을 화면에 띄우면 음성 파형이 나오는 화면이 뜨게 된다. 중간 중간에 비어있는 여백들은 한 문장이 끝나거나 잠시 쉬는 구간을 나타낸다. 이러한 공백 구간을 기준으로 본인의 실력에 맞는 시간 기준을 정해서 해당 파일을 여러 개로 자르도록 하자. 최소 3초에서 최대 15초 정도를 끊어주면 그 구간의 무한 반복을 통해서 한번씩 더 들을 때마다 외워지는 느낌을 가질 수 있게 된다.

참고로 단위라는 개념에 대해서 설명을 덧붙여본다. 예를 들어 핸드폰의 번호는 일반적으로 앞에 공통으로 쓰이는 010을 제외한 8개의 숫자로 구성되어 있다. 만약에 이 숫자가 붙어서 일렬로 나열되어 있다면 우리가 그것을 외우기 쉬울까? 아마 힘들 것이다. 그러나 4자리씩 '-'라는 기호를 이용하여 단위로 나누어져 있고 우리는 그것을 보다 쉽게 외울 수 있다. 이와 같이 모든 암기 사항들에는 우리의 두뇌가 허용하는 한계가 있다.

그리고 우리가 잘 모르는 언어에 있어서 이러한 한계들은 3초, 5초, 7초, 10초… 등으로 다양하게 정의되어 있기 마련이다. 제일 처음에 그 언어에 대해서 아무것도 모를 때에는 3초조차 버거울 수도 있다. 그러나 그 언어에 대해서 잘 파악하게 된다면 15초의 길이조차도 여유 있게 외울 수 있다.

Audacity 프로그램을 이용하는 방법에 대해서 상세히 기술하면 다음과 같다. 불러들인 파일을 위에 말했다시피 공백을 기준으로 적당한 길이의 구간을 드래그로 선택하여 선택한 부분을 '선택 내보내기' 메뉴를 이용해서 새로운 파일로 저장하면 된다. 이때, 자동적으로 원래 파일명이 앞에 들어가게 되는데 그 이름은 내버려둔 채로 그 뒤에 000부터 999까지의 방식으로 파일 이름을 정하면 된다. 이때 선택 내보내기를 눌렀을 때 뜨는 파일 내보내기 화면에서 이름 버튼을 눌러서 이름의 역순으로 파일이 정렬되도록 하자. 그래야만 제일 마지막 숫자의 파일이 제일 위에 뜨게 되어 숫자를 지정할 때 더 용이할 수 있다.

4. 실제로 해보기

위와 같은 작업 순서를 통해서 짧은 시간으로 잘라진 음성 파일을 이제는 휴대폰에 옮겨 넣자. 본인이 가지고 있는 다른 MP3기기도 좋다.

일단 휴대폰에 옮기는 과정을 상세히 설명해보자. 일반적으로 요즘 많이 쓰이는 스마트폰은 컴퓨터의 USB를 통해서 연결이 된다. 보통의 경우, 대용량 저장소 기능을 가지고 있기 때문에 이 모드로 설정을 해주면 마치 이동식 디스크, 혹은 USB 메모리처럼 컴퓨터 파일을 스마트폰으로 옮길 수 있다.

장기적인 계획을 위해서 language 혹은 English 등 적절한 폴더를 만들고 그 속에 작업이 끝난 음성 파일들을 옮겨 넣자. 본인의 실력이 향상되면서 처음의 3초 기준이었던 길이가 점차 늘어나서 5초, 7초, 9초 등등으로 새로운 버전이 필요할 수도 있다. 그 각각의 경우를 대비해서 틈틈이 체계적으로 폴더를 관리해야 한다. 짧은 시간 기준으로 되어있던 파일들도 결코 삭제하지 말도록 조심하자. 그 파일들은 다음과 같이 이용할 수 있다.

짧게 짧게 끊어진 파일들은 차차 익숙해지면서 다시는 들을 필요가 없는 것들이 생기게 마련이다. 이러한 파일들은 삭제해도 좋다. 그러나 여전히 자신이 없는 부분이 남는 법이다. 이런 부분들을 골라서 듣기에는 짧은 크기의 파일이 훨씬 효과적이다. 왜냐하면 가장 자신없는 부분을 골라내기에 더 편하기 때문이다. 즉 다시 말해서 7초 짜리로 끊어진 파일보다는 3초짜리로 끊어진 파일에서 모르는 부분의 순도가 더 높은 경향이 있다.

자, 이제 듣기를 시작해보자. 일단 무한 반복 모드로 설정을 한다. 자신감이 생길 때 까지 4회 정도 들어보자. 더 많이 듣는 것이 좋다고 착각하면 안된다. 계속적인 반복은 사람을 무기력하고 지치게 만든다. 따라서 그 이상을 듣는 것은 오히려 좋지 않다. 뒤에 물론 자세한 내용이 다시 나오겠지만, 잠깐만 부연설명 해보자. 복습의 수가 지나치게 많아지면 사람은 같은 일을 하는 패턴에 익숙해지고 그 익숙함이 원하는 대로 계속 의욕없는 되돌이 구간에 갇히게 된다. 이 되돌이 구간에 갇히게 되면 나오고 싶지 않을 수 있다. 따라서 이 구간에 갇히기 전에 탈출하는 것이 좋다. 그 탈출의 한계선이 4회 정도의 복습이다. 물론 아주 낯선 새로운 언어일 경우 어쩌면 5회나 6회가 필요한 사람도 있을 수 있다. 정교하게 자신에게 가장 어울리는 횟수가 몇 번인지를 수 일에 걸쳐 확인하라. 그리고 가장 객관적인 시각에서 한 번 정한 후에는 이를 꼭 지키도록 하자. 이게 시작이다.

실제 상황에서 반복적으로 동료들과 실험을 한 결과 항상 최대 4회의 준칙이 어겨질 수 밖에 없었다. 사실 4회 반복의 준칙을 꾸준히 지키는 것은 필자인 본인에게조차도 힘든 일이다. 따라서 편하게 무한 반복모드로 익숙해질 때까지 듣는 것이 아주 금지사항인 것은 아니다. 대신 부작용을 상쇄할 대안이 꼭 필요하다. 추후에 이 대안의 상세한 내용은 다시 서술하도록 한다.

일단 이상적인 형태에 따른 진행을 설명해본다. 정해진 횟수의 반복을 단 한 차례만 하라는 이야기는 아니다. 적어도 그 범위가 열심히 집중했을 경우에 한두시간을 넘지 않도록 하고, 다시 처음으로 돌아가 이번에는 3회 정도를 기준으로 복습하자. 그 뒤로도 본인이 원하는 만큼 그 전체 진도 범위를 조금씩 늘려가면서 혹은 그냥 정해진 범위를 같은 방식으로 계속 들어보자. 단, 외출을 하거나 운동을 할 때에는 어차피 딴 생각을 많이 하게 되기 때문에 구태여 횟수에 너무 예민하게 반응할 필요는 없다.

수차례, 그리고 다시 수 일 간에 걸쳐서 계속 듣다 보면 다음과 같은 순서에 따라서 해당 부분들이 외워진다. 제일 처음에는 귀로 외워진다. 들으면 들을수록 익숙해진다는 의미다. 그 다음으로 가능하게 되었을 때 입술로 따라 해보자. 아직 소리를 낼 필요는 없다. 입술 모양이 익숙해지면 그 다음에는 소리를 내어서 따라 해보자.

이 과정을 좀 더 상세히 설명해보겠다. 귀에 익숙해진 해당 구간은 입술을 움직임으로써 그 정확한 리듬이 우리 뇌에 각인된다. 마지막으로 목소리를 내어서 따라하게 되면 높낮이 및 음색까지도 원어민의 발음에 동화하게 되는 것이다.

이때 주의할 사항이 있다. 한 구간을 한번에 귀, 입술, 목소리의 순으로 다 외우려 하면 절대 안된다는 것이다. 한참을 반복해서 귀에 익숙해졌을 때 그 다음 구간을 듣도록 하라. 그 다음도 마찬가지다. 어느 정도 귀에 익숙해진 구간들이 최소한 여러 개가 생겼을 때 혹은 그 다음날이 됐을 때 그 다음에서야 입술로 따라하는 것이 좋다. 입술에서 목소리로 넘어가는 과정도 마찬가지다.

새로운 언어를 배운다는 것은 하나의 단어를 암기하는 것과는 다른 문제다. 새로운 언어는 새로운 발음 체계를 익혀야 한다는 것이고, 이러한 체계는 필수적으로 '비교'를 통해서 완벽해질 수 있는 것이다. 예를 들어, b와 v, p와 f처럼 서로 비교되는 발음을 정확하게 알려면 단지 한 단어만 정확하게 안다고 해결되는 문제가 아닌 것과 같다. 따라서, 비교를 통해서 그 언어의 체계를 습득하려면 한 단어나 한 구간에 매몰되어져서는 안된다는 것이다. 적당한 숫자의 비교할 대상이 있어야 한다는 것은 필수 전제 조건이 된다. 이것이 첫 번째 이유이다.

두 번째 이유는, 사과나무가 꽃을 피우고 열매를 맺는 데에 시간이 필요한 것처럼 지식이 두뇌에 각인되어지는 데에도 숙성의 시간이 필요하다는 점이다. 너무 성급히 한꺼번에 완벽하게 귀에서 입술로, 입술에서 목으로 전파하려고 한다면 오히려 금방 지칠 뿐이다. 따라서 마음의 여유를 가지고 차분하게 사과가 익는 것을 기다리는 심정으로, 위의 세 단계를 차근차근 거쳐나가야 한다.

세 번째 이유도 있다. 예습과 복습의 균형에 관한 문제다. 공부할 때 예습만 하거나 복습만 하게 되면 우리 두뇌는 심각한 스트레스를 받게 된다. 일반적으로 예습만 하게 되면 예민한 사람들은 오른쪽 편두통이 올 수도 있고, 바깥으로 뛰쳐나가고 싶은 마음이 커지며, 난폭한 상태가 될 수조차 있다. 반대로 복습 스트레스가 지나쳤을 경우에는 예민한 사람들은 왼쪽 편두통이 올 수 있고 우울해지고 무기력해질 수 있다. 예습 스트레스와 복습 스트레스가 얼마나 다른지 또 얼마나 중요한 지에 대해서는 이 책의 해당 부분에서 좀 더 상세히 기술하도록 하겠다.

이와 같은 이유들로 인해 한번에 완성하려고 덤빌 경우에는 복습 스트레스가 지나치게 심해질 수 있는 것이다. 예습과 복습의 균형이 필자가 주장하는 것처럼 중요하다면 위의 세 과정을 한번에 다 건너 뛰려고 하는 시도가 얼마나 위험한 지에 대해서는 굳이 더 강조할 필요가 없을 것이다.

그러나 이와 같이 예습, 복습의 균형을 계속 맞추는 것은 말만큼 쉽지는 않다. 따라서, 예습할 과목 하나를 균형을 위해 준비해놓는 것이 좋다. 보통 반복횟수가 필요 이상으로 많아질 가능성이 높으므로 예습에 특화된 과목이 필요한 것이다. 필자는 수학을 하지만, 그냥 일반적인 암기과목의 책도 빠른 속도로 눈으로 읽으면 예습의 효과가 커진다. 따라서 복습이 지나칠 경우에 이런 책을 이용해서 어차피 해야할 공부를 한다면, 균형도 잡고 공부도 되는 일석이조의 효과를 누릴 수 있다.

좀 더 상세하게 모든 사람들에게 있어서 확실하게 예습 스트레스를 자극할만한 수학에 대해서 이야기해보자. 어려운 문제가 많은 대한민국의 현실상 수학은 누구나 알다시피 최고의 예습 전문 과목이다. 즉, 다시 말해서 수학은 상당한 수준의 이해력을 쥐어짜내게 한다는 것이다. 수학을 공부할 때 덧셈, 뺄셈, 곱셈 등의 사칙연산이나 너무나 잘 알고 있는 기초적인 공식에 포인트를 두면 안된다. 이런 단순 계산 등은 예습 효과를 없애는 주범이다. 가장 어려운 부분 위주로 일정한 범위를 정해서 한번 씩만 진도를 나가면 최소 며칠 정도는 예습 스트레스용으로 쓰기에 충분하다. 하루에 한번 씩 해당 부분의 진도를 나가다가 어느 정도 익숙해져서 예습효과가 사라질 때 쯤 되면 다시 그 다음 구간을 정해서 나가야한다.

5. 구간의 길이 늘리기

해당 외국어의 실력이 쌓이면서 점차 3초는 너무 짧은 구간의 길이일 수 있다. 따라서 점점 구간의 길이를 늘려보자. 두 개의 구간을 합치거나 세 개의 구간을 합치거나 아니면 원본 파일을 더 긴 길이의 구간으로 나눠보자. 이런 식으로 구간의 길이를 계속 늘리다 보면 마침내는 한 페이지 혹은 두 페이지를 외울 수도 있다. 이런 방식을 통해서 교재로 선택된 책의 한 과 전체를 외우는 것을 목표로 해보자.

최초의 3초 구간의 파일만으로 더이상의 편집 없이 구간의 길이를 늘리는 방법도 추가로 설명한다. 3초 구간의 파일에 대해서 계속 반복해서 듣는 시기에 자신이 없는 것은 여러 번 듣고 자신이 있게 된 것은 조금만 듣는 식으로 조절을 해서 계속 듣다 보면 고르게 모든 파일들에 대해서 자신감이 생기게 된다. 그랬을 경우에 파일 반복이 아니라 폴더 반복으로 설정할 수 있다. 게으른 분이라면 굳이 중간 편집 과정을 다 거칠 필요 없이 파일 반복에서 폴더 반복으로 버튼하나만 바꾸는 것으로 구간의 길이를 늘릴 수 있다는 이야기이다.

여기서 또 하나의 요령도 설명하자. 3초 짜리 파일들 중에서 더이상 들을 필요가 없을 만큼 자신있는 대상들과 아직도 자신이 없는 파일들이 섞여 있다면 이 때에는 플레이 리스트가 따로 작성되는 앱이나 프로그램을 사용해도 좋다. 이런 종류의 앱이나 프로그램 등은 해당 폴더에서 본인이 체크한 것만

플레이가 되어지도록 설정할 수 있다. 이렇게 골라서 필요한 것만 듣게 되면 시간의 효율적인 사용이 가능해질 것이다.

즉, 가치가 있는 것을 공부해야 한다는 가장 기본적인 원칙을 잊지 말자. 굳이 그 내용이 정말 필수적이거나 중요한 사항이 아니라면, 또는 회화에 있어서처럼 전체적인 암기가 실력 향상에 별반 도움이 안될 경우라면, 과감히 7초 혹은 15초 정도로 한두문장씩만을 외우는 것으로 끝내도 좋다. 공부는, 특히 진정한 공부는 끊임없는 결단력과 냉정함을 필수 요건으로 한다. 결코 느슨해져서는 안된다. 조금만 느슨해져도 필요 없는 지식들을 외우기 위해서 버둥거리는 자신을 돌아보면서 후회하게 될 것이다.

6. 입문서로 공부 시작하기

뒤에 설명하다시피 필자는 독자들이 원어민이 배우는 순서에 따라 가기를 원한다. 회화를 통해서 발음을 이해하고 점차 시간이 지나면서 문법과 문장 체계를 이해하고 차츰 어휘력을 늘리는 것이라고 생각한다. 그러나 현실에서는 이런 식의 교육과정에 적절하게 어울리는 교재가 없다. 그래서 하는 수 없이 가장 흔한 일반적인 입문서로 시작하는 방법을 설명하고자 한다.

오디오 CD가 포함되어 있는 입문서를 고르는 것은 선택이 아니라 필수다. 오디오 CD에 들어있는 음성 파일에 대한 분리화 작업이나 필요할 경우 행해지는 ripping은 위에 설명한 것과 같다. 단지 세밀한 내용에 있어서 차이점을 서술한다.

제일 처음 짧게짧게 끊어진 원어민의 발음을 계속해서 들으면서 해당 언어와 친밀해지고 그 언어의 발음을 익히는 것은 마찬가지다. 제일 처음 1과에 포함되어 있는 발음을 다 익혔다면 이제 2과에 포함되어 있는 발음들과 교대로 들으면서 다음의 과정을 수행하자.

이런 종류의 입문서들은 대부분 1과정도 부분에서 해당 언어의 알파벳에 대한 언급이 있다. 혹은 서문에 있는 경우도 있겠다. 알파벳을 익히는 효율적인 방법은 순서대로 여러번 쓰는 것은 아니다. 이것도 발음과 마찬가지로 친밀해지는 과정이 필요하다. 발음을 들으면서 동시에 해당되는 부분을 눈으로 읽어보자. 처음에는 발음의 속도를 따라가지 못할 수도 있다. 낯선 새로운 문자를 배우는 것은 결코 쉬운 일은 아니다. 하지만 발음에서와 마찬가지로 계속해서 이런 과정을 거치게 되면 어느 정도 해당 문자에 대해서 친밀감이 생기고 차차 구별하기 쉬운 문자와 낯선 문자로 나뉘게 된다.

이때부터는 보조문제가 효율적이다. 익숙해진 문자를 힌트로 그 옆에 빈칸을 넣어서 어려운 문자들을 집어넣는 훈련을 해보자. 이와 같은 형태로 만들어지는 보조문제는 책의 여백

특집 첫 번째 무조건 따라하면 어학연수보다 나은 외국어공부법

에 만드는 것이 효과적이다. 옆에 연습장을 펼쳐놓고 정말 천천히 그리고 예쁘게 어려운 문자들을 그려넣어 보자. 이미 익숙해진 문자들을 다시 쓸 필요는 없다. 그리고 써놓는 문자를 구태어 여러번 쓸 필요는 없다. 한번씩만 쓰면 충분하다. 너무 어려울 경우에는 예외적으로 두번정도도 가능하다. 이왕 쓸 때에는 느리게 쓰는 것에 대해서 신경쓸 필요는 없다. 쓰는 리듬은 단 한번만으로도 굉장히 오랫동안 암기할 수 있는 가능성을 준다. 어설프게 빠른 속도로 쓰려고 하면 오히려 손해가 날 수도 있다.

이와 같은 방식으로 하루에 한 두번씩 같은 과정을 반복하면 점차 어려운 문자들이 사라지고 해당 언어의 알파벳에 대해서 자신감이 생기게 된다. 이게 끝은 아니다. 문자들에 대한 자신감이 확신으로 바뀌게 되면 이제는 단어를 외울 차례다. 단어도 위와 비슷하게 진행이 된다. 자신있는 단어를 힌트로 해서 자신없는 단어를 외우도록 해보자. 예를 들어 영어로 치자면 pretty girl에서 pretty가 자신있는 단어라면 pretty ~ 의 식으로 놓고 하면 된다. 여기서 물결모양에 들어갈 단어를 2~3회씩 읽어보면 되겠다.

단, 여기서 아직도 알파벳이 어려운 부분이 남아있다면 해당 알파벳만 따로 써보도록 하라. 매번 하는 이야기이겠지만 모르는 정도에 비례하는 리듬의 사용과 복습횟수가 필수적이다. 즉, 살짝 모르는 것은 눈으로, 꽤 모르는 것은 입으로, 아예 모르겠는 것은 쓰기로 대응하도록 하라. 섞여 있다면 가장 모르는 것만 그 수준에 맞도록 대응하면 된다. 눈으로 보아야만 하는 것과 써야만 하는 것이 섞여있을 경우에는 쓰는 것만 하면 되고, 눈으로 보아야하는 것과 읽어야만 하는 것이 섞여있을 때에는 읽는 것만 하면 된다.

물론 이때 쓰는 내용은 가장 모르는 것만 써야 한다. 결코 사치하지 말라. 이미 알고 있는 내용을 과도한 방식으로 복습하는 것은 대학생이 구구단을 외우는 것과 마찬가지다. 공부란 치열한 자기와의 투쟁이다. 조금만 방심하면 손으로 물을 뜨려고 할 때처럼 좋은 기회들이 허무하게 사라질 뿐이다.

이와 같은 과정을 반복하다보면 처음에는 쓰는 것 위주로 공부를 하겠지만 어느덧 서서히 읽는 것으로 바뀌게 된다. 이때가 그 언어의 입문과정을 끝내는 시점이다. 많은 사람들이 초보 때의 과정에 지나치게 도취되어서 쓰는 것에 매몰되어 때로는 필요 이상으로 쓰는 과정을 강요하기도 한다. 무척 경계해야만 하는 부분이다. 잘 모른다고 계속 쓰기, 혹은 학교에서 내어주는 깜지 숙제 등이 비효율적인 것은 말할 나위가 없다.

세가지 리듬을 지배하는 자는 공부에 있어서만큼은 자신에게 주어진 잠재역량을 모두 활용하는 것이다. 그러나 어느 하나의 리듬에 필요 이상으로 중독되면 그것은 오히려 백해무익

할 수도 있다. 더 자세한 설명은 이 책의 다른 부분에서 이야기 하겠다.

7. 소설과 회화를 섞어서 공부하자

입문서가 끝난 뒤에는 크게 두가지 방향으로의 발전이 가능하다. 소설 위주로 갈 것인가 아니면 회화 위주로 갈 것인가가 그것이다. 회화공부에 대해서 필요이상 투자할 필요는 없지만 최소한 정도의 공부는 필수적이라 하겠다.

제일 처음 그 언어를 배우는 데에는 동화 내지 소설의 오디오 북을 따라갈 만 한 것이 없다. 그러나 이러한 동화나 소설들은 실용적인 면에서는 약할 수 밖에 없다. 물건을 사거나 비행기를 타거나 여행 중 곤란을 당했을 때 당장 쓸 수 있는 회화는 동화나 소설에서 쓰이는 문장과는 다소 차이가 있다. 따라서 중간 중간 회화에 대한 공부는 별도로 해야 한다.

회화를 공부하는 방법에는 두 가지가 있다. 첫 째는 오디오 CD가 포함되어져 있는 해당 언어의 회화 책을 사는 것이다. 회화 책들에서는 보통 본문은 한 문장에서 너댓문장 정도로 구성되어 있다. 따라서 위에 추천한 방법으로 공부하기에는 적합하지 않다. 이럴 경우에 자가 훈련 방식은 한국어가 힌트로 주어졌을 때 해당되는 외국어 문장이 튀어나오도록 만드는 것이다.

예를 들어서, '아침 인사'는 Good morning이 나오는지 '안녕하세요'라고 할 때는 How are you? 가 나오는지 이런 식으로 확인을 하면서 진행을 하면 된다. 회화는 정말 쉽다. 동화나 소설이 어려운 것이다. 따라서 동화나 소설이 어느 정도 익혀진 독자들에게 이러한 회화 책들은 가벼운 간식거리 정도에 불과할 수도 있다. 길이가 무척 짧기 때문에 짤막짤막하게 마치 단어를 외우는 것 처럼 해당 문장을 통째로 외우도록 하자.

만약에 여행을 가야 한다는 등의 개인적인 급박한 사정이 있는 독자는 회화 공부를 먼저 시작할수도 있다. 그러나 진정한 실력을 원하는 일반적인 독자들이라면 가능하면 회화 공부를 뒤로 미루도록 하자. 자신의 수준에 맞추어 그나마 제일 어려운 회화책을 고르도록 하라.

비록 우리가 해당 외국어를 사용하는 나라에 직접 갈 수는 없지만 회화는 기본 실력이 되어있다면 언제든지 익힐 수 있는 부록이라고 생각하자. 따라서 항상 기본에 충실하자. 그 기본을 구체적으로 얘기하자면 어휘력과 그 해당 국가의 문화라고 볼 수 있다. 이 두가지 내용을 가장 충실히 반영한 것은 해당 국가의 뉴스 등 언론 매체와 해당 국가의 작가가 쓴 논픽션 소설 종류다. 그리고 다시 한 번 강조하지만, 가능하면 오디오 북이나 음성 파일이 포함되거나 구해질 수 있는 대상을 선택하도록 하자.

8. 언어는 습관이다

이제 독자들은 이 방식이 현재 한국에서 통용되어지고 있는 방식과 얼마나 다른 지에 대하여 짐작할 수 있을 것이다. 이 방식에 따르자면 첫째도 발음, 둘째도 발음, 셋째도 발음이고, 차차 그 의미를 알게 되는 것은 그 다음 문제이다. 문법은 마지막에 해도 좋고 하지 않아도 좋다. 사실 그 나라 말을 정확하게 하는 원어민들조차도 누가 문법을 정확하게 생각하면서 쓸 수 있겠는가. 아주 기초적인 문법은 물론 예외다. 입문서 정도에 포함되어 있는 기초적인 문법은 해당 국가의 원어민들도 필수적으로 배우는 것들이기에 열심히 까지는 아니어도 살짝 읽어주는 정도는 나쁘지 않다. 그러나 그뿐이다.

'언어는 습관이다.' 습관은 이해되어지는 것이 아니다. 습관에는 규칙도 없다. 그런데 만약 이것을 억지로 규칙을 만들고 붙여서 그 규칙을 통해서 해당 언어를 이해하려고 한다면 어쩌면 영원히 그 언어를 자신의 것으로 만드는 것은 불가능하다.

습관은 오로지 반복을 통해서만 형성되어질 수 있다. 따라서 문법을 버리자. 아니, 잊어버리자. 그 언어로 꿈을 꿀 때 까지….

독자들은 과연 이러한 방식을 통해서 그 언어에 대해서 완벽하게 되어질 수 있는 가를 궁금하게 여길 것이다. 그것은 당연히 가능하고, 또한 오히려 유일한 방법이라는 사실을 강조하고자 한다. 이론적으로 따졌을 때 이러한 과정을 통해서 어떤 외국어든지 1년만 열심히 한다면 어학연수 보다 더 좋은 효과를 얻게 될 수 있다는 것을 필자가 보장한다. 그리고 가장 중요한 것은 공부하는 과정에서 계속 재미있고 기분 좋을 수 있다는 것이다.

만약에 외국어 공부를 하는 중에 힘들거나 재미없거나 지칠 경우에는 틀림없이 위에 말한 요소들 중에서 무엇인가가 빠져있다는 뜻이다. 이 새로운 방식은 여러 가지 요소들을 필요로 하는데, 그 중에 단 하나의 요소라도 빠지면 무엇인가 균형이 어긋나게 되고 단점이 장점을 압도할 수도 있다는 사실을 잊지 말자. 따라서 충분히 방법이 숙지될 때 까지는 자만심을 버리고 기술된 방식의 리스트를 작성해서 최소 1~2주일간은 빠진 점들이 없는지 세밀하게 체크해보도록 하자.

가장 일반적인 오류는 무한 반복으로 인한 반복 스트레스가 쌓이는 것이다. 이 경우에 공부에 대한 욕심과 호기심이 사라지고 무기력해질 수 있다. 다른 부분에서도 수차 강조하겠지만 공부에 대한 의욕과 호기심은 양보할 수 없는 제 1의 원칙이다. 한번 이런 상태에 빠져들면 다시 빠져나오는 것은 쉬운 문제가 아니다.

따라서 이러한 증세가 희미하게 보이기 시작할 때 미리 예습 스트레스를 줄 수 있는 과목을 공부하자. 어려운 수학 문제가 최고지만 다른 이해과목, 혹은 그도 안된다면 그나마 암기할 것이 많은 암기과목의 책이라도 빠른 속도로 이해하려고 노력하면서 복습하지 않고 진도를 나가보자. 단, 최소한의 구간을 나누어 나중에라도 복습할 수 있도록 체크하면서 진도를 나가야만 한다. 그렇지 않으면 소중한 시간이 사라질 수도 있기 때문이다.

언젠가는 다시 이 예습 스트레스를 위해서 쓰였던 부분들을 공부해야하지 않겠는가. 그때를 대비해서 약간 넓은 구간을 나누어 놓자. 간혹 한 번씩만 예습위주로 나간다 할지라도 해당 구간이 외워지면서 점차 예습으로써의 기능을 상실하게 될 것이다. 그러면 다시 다음 구간을 정해서 나가자. 이런 식으로 진행하면 어학 공부 외에 그 짝이 되는 다른 한 과목도 실력이 향상될 것이다. 문자 그대로 일석이조가 아니겠는가.

이러한 공부가 제대로 진행되어지고 있는 지에 대한 징표는 다음과 같다. 해당 언어로 된 음성파일을 듣는 경우에 비록 뜻은 몰라도 모든 발음들이 자연스럽고 분명하게 들리기 시작한다. 그 발음들에 대해서 익숙해지고 일정한 운율과 리듬을 느끼게 된다. 놀랍게도 모든 언어들은 마치 노래와 같다. 각각의 특이한 리듬과 멜로디를 자랑하는 일종의 민요인 것이다.

위와 같은 현상이 어느 정도 지속되고 해당 외국어를 꾸준하게 계속해서 공부하게 된다면 마침내 간혹 해당 언어로 꿈을 꾼다. 또한 뒤에서도 언급하겠지만 해당 언어로 된 영화 등을 보면서 자막과 맞추어 원어로 된 내용을 추측하게 된다.

그 후에는 이제 자막이 뜨는 어떤 영화라도, 심지어 해당 언어를 사용하지 않는 영화에서 조차도 습관적으로 나도 모르게 밑에 있는 자막을 보면서 해당 외국어로 조금씩 번역을 할 수 있게 된다. 마침내 내 귀에 들리는 한국말을 해당 언어로 짧게 짧게 바꿔보는 것이 가능해진다. 이와 같은 징표가 나타남을 스스로 느낀다면 필자의 방식에 따라 해당 언어를 잘 습득하고 있는 것이므로 불안해 하지 않아도 좋다.

9. 눈을 이용한 이 방법의 완성 - 첫 자모 힌트법

첫 자모 힌트법은 이 공부 방법의 대미를 장식하는 마지막 단계이다. 마지막 단계라고 해서 실력이 어느 정도 되어서 쓰여진다는 의미는 절대 아니다. 발음에 익숙해지는 순간부터 이 방식은 듣기와 동시에 계속 시행되어져야 한다. 어느 나라 말이든지 발음만으로 그 나라 말을 알 수는 없다.

회화라면 발음만으로 가능할 수 있겠지만, 우리가 원하는 것은 해당 언어로 정치, 경제, 사회, 문화의 다방면에 걸친 깊은 이해와 토론할 만한 수준의 어휘력이다. 따라서 문자로 쓰여져 있는 해당 언어를 이해하는 것은 필수불가결한 과정이다. 아래에서 기술하는 자세한 내용을 순서대로 따라해 보면 어휘력의 상승과 함께 깊이있는 수준의 외국어 실력을 가질 수 있다.

첫 자모 힌트법은 무엇일까? 우리가 흔하게 쓰는 APEC, DMZ와 같은 약어들을 생각해보라. 왜 그런 식으로 표현을 할까. 좀 더 짧은 시간, 짧은 길이로 숨어있는 의미들을 표현 하려는 것이다. 이 방식을 응용해보자. 'She is beautiful.' 이라는 문장이 있다고 할 때, sib라고 해당 줄의 옆면 공백에 써넣어 보자. 그리고 그 sib를 보면서 'She is beautiful.'이 떠오르는지 체크해보자.

물론 sib라는 것을 아예 쓰지 않고 She is beautiful을 외워도 좋지만 우리가 외우고자 하는 것은 고작 세 단어로 구성되어져있는 문장만은 아니다. 때로는 열 단어, 때로는 스무 단어, 심지어 서른 단어로 구성되어져 있는 문장도 있을 수 있다. 만약 첫 자모 힌트법이 없다면 이렇게 긴 문장들을 외우기 위해서 우리는 몇 시간을 투자해야만 할지도 모른다.

어릴 때 했던 스무고개를 생각해보자. 퀴즈를 그냥 맞추는 것과 살금살금 힌트가 주어지면서 맞추는 것은 큰 차이가 있 다. 전자는 재미가 없다. 후자는 할만하다. 우리의 두뇌를 움 직이는 가장 큰 원동력은 '호기심'이다. 첫 자모 힌트법은 바 로 이 호기심을 이용하는 것이다.

연상법이나 '태정태세문단세...'와 같은 첫 자모를 모아서 새로운 단어를 만드는 방법 등은 잊어버리자. 이와 같은 방법들에 익숙해지면 해당 사항을 외우는 데에는 강해질 수 있지만 필요한 순간에 해당 지식들이 빠른 속도로 떠오르는 것을 오히려 방해하게 된다. 단어 하나를 외우면서 구태여 몇 번 복습하는 것이 힘들어서 어떤 그림이나 어떤 느낌, 혹은 다른 한국말 등을 굳이 떠올릴 필요가 있겠는가.

이 세상에서 제일 쉬운 것이 암기다. 복습만 하면 된다. 한 번 외워서 안된다면 두 번을, 두 번 외워서 안된다면 열 번을, 열 번 외워서 안된다면 백 번을 외워서 복습하면 된다. 구태여 지름길을 놔두고 돌아갈 필요가 없다는 말이다. 만약 지름길이 없다면 차라리 조금씩 지름길을 개척하자. 이렇게 해야만 필요한 순간에 써 먹을만큼 빠른 속도로 해당 단어들이 튀어 나올 수 있는 것이다.

다른 우회적인 방법들을 썼을 경우에 복습횟수를 약간 줄일 수는 있지만 후에 나타나는 부작용은 그 모든 장점을 상쇄하고도 남는다. 예를 들자면, 숙종에 대한 이야기가 나왔을 때 몇 대 왕이었는지를 따지기 위해 태정태세문단세부터 세어보는 것과 바로 19대 왕이라고 떠오르는 것과는 얼마나 큰 차이가 있겠는가.

따라서 이런 간접적인 요령들에 의존하지 말고 직접 대상을 외우도록 하자. 우리 두뇌의 세포는 엄청나게 많다. 따라서 두려워하지 말고 필요한 모든 것들을 외우려고 덤비자. 첫 자모 힌트법 등의 필요한 요령을 잘 익혔을 경우에는 우리는 무엇이든지 외울 수 있다. 단지 적당한 시간이 필요할 뿐이다.

첫 자모 힌트법과 함께 손가락을 사용하는 버릇을 병행하자. 방황하는 우리의 눈이 보다 침착하게 제 할일을 하게 된다. 줄치는 것도 병행하자. 제일 처음에는 모든 것을 다 외워야 하지만 실력이 쌓여가면서 이미 자신이 잘 알고 있는 문장은 다시 외울 필요가 없다. 줄은 반드시 샤프로 치자. 그래야 자신있게 외울 수 있는 문장들을 지우개를 사용해서 암기 리스트에서 제거할 수 있기 때문이다.

10. 중 · 고급 수준에서 실력 늘리기 - 영어

한국인들이 대부분 대학교를 졸업하게 되는 순간에는 이 수준에 해당이 되어야만 정상이다. 하지만 현실은 그렇지 않다. 어휘력이나 문법 면에 있어서는 충분히 가능성이 있지만 가장 중요한 발음에서 그렇지 않은 것이다. 따라서 위에 설명한 과정에 따라서 발음 공부를 하는 것은 선택이 아닌 필수다. 그러나 이것과 함께 어휘를 늘리려는 노력은 계속해야한다. 설사 발음이 좋은 분이라 할지라도 수준높은 영어를 구사하기 위해서는 수많은 단어들을 알고 있을 필요가 있다.

수준 높은 영화를 보거나 미드를 보는 것이 얼마나 도움이 되는 지는 더 말할 필요가 없다. 그러나 실제로 공부에 도움이 되는 시청 방법은 당연히 따로 존재하는 것이다. 자막에는 두가지 종류가 있는데 한글만 나오는 경우도 있고, 혹은 한글과 영어가 동시에 나오는 경우도 있다. 후자를 추천한다. 영어 자막과 한글 자막이 동시에 있으므로 필요에 따라서 영어 듣기 훈련도 되고 또 독해 훈련도 되기 때문이다.

구체적으로 들어가서 자막의 속도를 조절하는 방법에 대해서 생각해보자. 컴퓨터를 이용해서 미드를 볼 경우 단축키 등을 통해서 자막이 나오는 타이밍을 조절할 수 있다. 영어로 대사가 나오기 전에 미리 자막이 뜨게 하면 발음 훈련을 하는데에 좋다. 어떤 문장이 나올지를 미리 알고 있는 단계에서 본인의 머리 속에 있는 발음과 실제 발음을 비교해보도록 하라.

반대로 자막의 타이밍을 본문의 속도보다 느리게 할 경우에는 리스닝에 도움이 된다. 자신이 그러리라고 짐작했던 영어 문장과 실제로 자막으로 뜨는 영어문장을 비교하면서 모자라는 부분을 보충할 수 있게 된다.

Audio extractor 라는 프로그램이 있다. 이 프로그램을 이용하면 동영상에서 음성 파일만을 추출할 수 있다. 이 음성 파일을 전에 설명했던 audacity와 같은 음성 파일 편집 프로그램을 이용해서 어려운 부분들만 따로 떼어내 듣기에 좋도록 적당하게 끊어놓은 뒤에 MP3나 스마트폰에 옮겨 넣으면 훌륭한 영어듣기 교재가 된다.

영화 등에 있어서는 속어가 많고 경우에 따라서는 미국 영어와 영국 영어, 호주 영어 등이 섞여서 들리는 등의 단점이 있다. 이러한 단점을 피하기 위해서 CNN 등의 뉴스 프로그램을 추천한다. 본인이 원하는 종류의 영어를 아나운서의 정확한 발음으로 들을 수 있기 때문이다. 자막이 완벽하지 않은 경우가 많기 때문에 계속 들어도 이해가 안되는 부분들은 해당 뉴스의 내용을 이해하면서 추리해보도록 하자. 끝까지 들리지 않는 부분도 있을 수 있지만, 시사 실력도 같이 올릴 수 있는 장점이 있다.

뜻밖의 고통과
새로운 의문

- 세상을 바꾸는 실마리

　누구나 고3의 시기는 없는 힘과 용기를 짜내어 공부하는 시기이다. 필자 또한 이러한 시기를 겪었으며 소위 고3병으로 극심한 편두통을 겪어야만 했다. 정확히 기억은 나지 않지만 당시 사업에 실패한 아버님께 CT 혹은 MRI 촬영을 부탁드렸던 걸로 기억한다. 겁 많은 자였는지라 부모님과 여자 친구에게 쓰는 마지막 편지 즉 유서를 써놓았었다.

　스스로 진단하기를 틀림없는 뇌종양인지라 세상과의 마지막 인사를 한 셈이었다. 그러나 그 어떤 이상도 발견되지 않았고 나는 이 이유모를 고통과 끊임없이 싸우면서 수험생활을 했었던 것이다.

　공부 좀 많이 했다 싶으며 어김없이 찾아오는 오른쪽 편두통, 안통은 때로는 너무나 참기 힘들어서 차라리 엄청 울면 약간 시원해지는 정도였다. 새벽에 일어나서 울었던 것이 몇 번이던가.

　그러다 어느 순간 차라리 오기가 생겼고 어찌 어찌해서 인내와 오기로 남들이 부러워하는 서울대학교에 붙을 수 있었

지만 이때의 고통은 내 생애에 커다란 얼룩을 만들었고 일생
의 도전과제로서 항상 내 앞에 놓여있었던 것이다.

집이 어려웠던지라 애들을 가르치는 과외를 해가면서 군대
에서 장교로 근무하던 마지막 무렵 언제였던가. 나는 문득 이
편두통이 그냥 공부가 아니라 공부의 어떤 특별한 버릇이나
방식과 관련이 있지 않을까 생각하게 되었다.

구체적으로 그 때 어떤 일이 있었는지 정확한 세부사항은
기억나지 않는다. 하여튼 나는 대기업에 입사할 기회가 있었음
에도 불구하고 그쪽으로 가지 않고 이 실마리를 쫓아서 학생
들을 가르치며 연구하면 뭔가 획기적이고 대단한 결과물이 나
오지 않을까 하는 포부를 가지게 되었다.

그 당시만 해도 이러한 도전이 1~2년이면 해결될 것이라 생
각했고 커다란 두려움 없이 막연한 희망만으로 그 첫 발을 떼

어버린 것이다. 그리고 어언 20여년이 지나서야 갖은 우여곡절 끝에 이에 관한 이론들을 정립하게 되었다.

부디 바란다. 이 한심한 자의 연구가 앞으로 많은 이들에게 새로운 희망의 메시지가 되기를.

부디 바란다. 연구과정중에 나의 과욕과 잘못된 믿음으로 오히려 그릇 인도했던 수많은 내 제자들이 약간의 위로라도 받기를.

정말 용서해주렴. 그때는 정말 많이 부족했단다.

정말 용서해주렴. 난 항상 이기적이고 자기중심적이어서 제자 너희들을 자주 도구처럼 대해 왔단다.

새로운 개념으로서의 다독

1. 다독의 새로운 개념

일반적으로 속독은 빠른 속도와 비교적 형편없는 이해, 다독(多讀)은 많이 읽거나 혹은 여러 번 읽는 것, 그리고 정독은 느린 속도와 정확한 이해, 또 높은 암기도를 자랑한다고 흔히 알려져 있다. 필자는 이런 일반적인 관념이 많이 잘못되어 있다고 생각한다.

이 책에서 필자가 말하고자 하는 다독은 우리가 일반적으로 알고 있는 그 단어의 정의와는 틀리다. 위에 언급된 세가지의 개념이 모두 포함되어 있는 새로운 개념이라 할 수 있다.

첫째, 속독에서 강조하는 '빠른 속력'의 속성을 가지고 있다. 독자들은 어린시절에 보았던 만화책이나 대중 소설책을 기억하고 있을 것이다. 대부분의 사람들은 이런 종류의 책들을 당연히 빠르게 읽는다.

둘째, 이 책에서의 다독은 여러 권을 읽는 것이 아니라 한권의 책을 '여러 번' 읽는 것을 의미한다. 독자들은 시험공부를 할때에, 몇 번이나 시험범위를 읽어 보았는가? 일반적으로 적게는 한두 번에서 기껏해야 열 번을 넘기기 힘들다. 혹시라도 수십 번 혹은 백 번을 넘겼다고 하는 사람을 본적이 있는가?

우리 조상들은 천자문을 공부할 때 최소 백 번을 보았다고 한다. 그런데 현대에는 왜 이런 좋은 전통이 사라졌을까? 그것은 현대인의 욕심 때문이다. 더 많은 것을 더 적은 시간에 얻고자 하는 마음이라 할 수 있다. 그래서 한 권의 책으로는 만족 할 수 없다. 그래서 어떤 한권의 책 조차 완벽하게 자신의 것을 만들지 못한다. 사실 열권의 책을 대충 읽은 사람보다 한권의 책을 제대로 읽은 사람이 훨씬 뛰어날 수 있다는 사실을 우리는 망각하고 있다. 이것이 바로 세 번째 정독의 요소인 것이다.

속독에서의 속력, 다독의 횟수, 그리고 정독에서의 정성, 이 3가지 요소가 합쳐진 진정한 의미의 다독. 이것이야 말로 필자가 주장하는 이 책의 핵심이라 할 수 있다.

2. 나누어 이해하기

눈으로 공부하기 편에 자세히 설명한 바와 같이 제대로 된 요령으로 무장한 '눈으로 읽기'는 대표적인 다독용 방식이며 이것은 어떤 정독보다 더 강한 효과를 볼 수 있다. 이것에는 몇 가지 요령이 숨어있는데 가장 중요한 것은 '나누어 이해한다'는 원칙이다.

　눈으로 읽기에 가장 적합하지 않은 과목은 당연히 수학이라 생각한다. 그런데 심지어 이 수학에서 조차 눈으로 읽기는 아주 유용할 수 있다. 수학에서 어떤 문제에 아주 어려운 부분이 있다고 치자. 일반적인 현대 정독파 쪽에서는 아마 무슨 수를 써서라도 이 문제를 이해해야 한다고 주장할 것이다. 이를 테면 형이나 선생님께 물어보든지 정 안되면 사교육을 받아서라도 말이다.

　새로운 개념의 다독파 즉 필자는 이렇게 말할 것이다. 잘 모르는 부분을 체크하고 많이 어려우면 눈으로 세 번에서 다섯 번 정도를 반복하고 그냥 진도를 나가라고 말이다.

　다른 부분보다 약간 더 중점을 두되 일단 진도를 나가도록 하라고 말이다. 물론 제일 앞 부분을 잊어 버리기 전에 다시 복습을 시작 하는 것이 필수적이다. 매 번 복습을 할 때, 반복해서 또 똑같은 과정을 여러 번 거치다보면 드디어 어느 순간에 이 어려운 부분이 이해되는 것을 경험하라고 말이다.

그 과정을 상세히 설명해보자.

아주, 아주 어려운 부분이 있다. 정말 수도 없이 봤는데도 여전히 이해가 되지 않는다. 하도 여러 번 모르다 보니 화가 나는 나머지 이제는 머리에서 연기가 나려고 한다. 그러면 우리는 어쩔 수 없이, 정말 어쩔 수 없이 이제 그 부분을 외우기 시작한다. 너무 화가 나서, 짜증이 나서 그 부분을 외우기 시작하는 것이다.

그래도 모른다. 더 외운다. 그래도 모르겠고 이제는 그 어려운 부분이 꿈에서도 떠오를 정도로 징그럽게 내 머리를 맴돈다. 길을 걸으면서도 자연스럽게 해당 사항이 머리를 복잡하게 만든다. 그리고는 드디어 완전히 암기가 되든지 혹은 심지어 기적과도 같이 이해도 되어버린다.

즉 단순암기를 뛰어 넘은 '**완전암기**' 수준에서는 이렇게 깨달음의 기적이 일어나는 경우가 반드시 생긴다. 그 기쁨을 한 번 경험하기가 어렵지 몇 번이고 겪다보면 서서히 익숙해지고 그 다음부터는 아무리 어려운 부분이 나와도 여유 있게 적당히 중요표시를 하면서 해당 부분을 몇 번씩 더 읽으면서 —이를테면 1:3에서 1:5방식으로 복습한 후 지나가게 되는 것이다.

구태여 한 번에 이해하려고 할 필요 없이 언젠가는 이해되리라는 믿음을 가지고 기다리게 된다. 아직도 모르는 게 많은데 이 여유는 어디서 나오는 걸까? 언젠가는 완전암기가 되고 또 이해가 되리라는 경험 속에서 나오는 것이다.

또한 우습게도 '**모르는 게 많다**'는 사실은 오히려 다독을 계속하게 만드는 욕심 즉 에너지원을 의미한다는 것을 아는 가? 모르는게 없다는 자만심이 있는 사람이 책을 더 보기가 쉬울까? 그렇지 않을 것이다. 궁금한 점이 남아 있을 때 오히 려 한 번이라도 더 보고 싶어지는 것은 당연한 인간의 본성이 다. 이러한 '궁금증의 에너지원'이 새로운 개념의 다독이 현 대판 정독을 앞서는 두 번째 요소인 것이다.

끊임없이 공부할 호기심을 남겨두려면 뭐 하러 한 번에 이 해해야 하나. 다 이해하면 이제 호기심이 사라지는 것을. 따라 서 당장 내일이 시험날짜가 아니라면 학원선생님에게 일일이 물어보러 뛰어다니지 말지어다. 호기심을 남겨 두고 자신의 힘 으로 해결할 때까지 오히려 그 호기심을 이용해서 복습하라.

당장 실험해보라. 단 다독은 말 그대로 여러 번 보는 것이 니 고작 3,4번이 아니라 경우에 따라서는 10번 이상의 다독 을 생각해야 할 것이다. 사실, 4-5번까지는 웬만한 정독보다 못한 것이 다독이다.

진정한 다독의 위력은 6-7번 이상을 보면서 나타나기 시작 한다. 참고로 필자는 어려운 부분을 기준으로는 보통 13번 정 도를 목표로 시험공부를 해왔고 보통 이 정도면 위의 나눠서 이해하는 과정을 통해서 책의 90% 이상을 알게 되는 것이다.

그러나 경험상 13번을 읽어도 별로 지루하지 않다는 사실 은 놀랄 만하지 않은가? 필자의 말대로 13번을 채워보라. 그 리고 여전히 남아있는 궁금증과 다시 읽고 싶은 욕구를 느껴 보라.

그 때쯤 되면 정독파들이 2~3번 정도 보고 나서 다시보기 지루하다는 말을 늘어놓는 것을 들을 때 아마도 헛웃음이 나올지도 모른다. 13번을 읽어도 궁금한 게 이리 많은데 참 웃긴 일이라 느끼면서 말이다.

세 번째 숨은 원칙은 '**응용력의 속도**'에 있다. 다독으로 여러 번 읽어서 책을 이해하는 사람은, 알고 있는 지식을 꺼낼 때도 정독으로 이해한 사람에 비해서 엄청나게 **빠른 속도**를 뽐내게 된다.

원래 인간은 습관의 동물이고 콩 심은데 콩 나고 팥 심은데 팥 나는 것처럼 **지식의 읽는 속도는 이용 속도에도 그대로 적용되는 법이다.** 즉 응용속도가 현저하게 증가한다는 것이다.

다독을 고수하라. 그러면 당신은 **엄청난 순발력**을 자랑하게 될 것이다. **다독이 레이싱 카라면 정독은 경운기다.**

레이싱카라는 말이 나온 김에 네 번째 숨은 원칙은 무엇이냐고? 이 원칙은 숨어있지 않다. **속도가 시원한데서 오는 만족감**이다. 스피드를 즐기는 것이 어찌 레이서들만의 특권일까? 진도나가는 속도가 늦어서 답답해하기 보다는 시간에 쫓기는 기분으로 일단 나가서 여러 번 복습하라. 그러면 시원한 속도가 안겨주는 즐거움을 계속 누릴 수 있을 것이다.

결론은 하나다. 다독하라. 대신 아주 정교하게 필요한 요소들을 알고 덤벼라. 눈을 사용하는 법을 능숙하게 익히고 나눠서 읽기를 깨달았다면 이제 당신은 어떤 정독하는 사람들도 이루지 못하는 신기원에 들어서게 될 것이다.

빠르고 정교하고 엄청난 응용력을 뽐내며 끊임없이 공부하고 싶은 욕구를 즐기는 '학문의 탐식가'로 변모하는 것이다.

정독하는 사람들은 코스가 뻔하다. 한두 번 읽고는 지겨운 나머지 문제집을 풀게 된다. 호기심이 남아 있지 않으니 당연한 귀결이다. 다독하는 사람들이 수십 번 보는 동안 정독하는 사람들은 기본서 몇 번 읽고 문제집으로 간다는 것이다.

책값만 아깝지 않은가? 그렇게 공부하면 한권이라도 제대로 자기 것이 될까? 기껏 중요하고 **중복되는 문제들만을 풀면서 자기만족의 연민에 빠지는 한심한 군상**들이 될 뿐이다.

여담으로 교재출판사에 하나 부탁해본다. 교재를 읽다 보면 중간 중간에 정리표라는 것이 존재하는 책이 다수 있다. 교재를 쓰시는 분들이여, 본문에 이미 나와 있는 사항들이라면 굳이 잡스러운 느낌의 각종 표들은 만들지 마시라.

중간에 있는 정리표들은 다시 볼 호기심을 사라지게 하기만 할 뿐 아니라 읽는 속도를 떨어뜨리는 속도방지턱일 뿐이다. 읽는 학생들도 굳이 정리표에 매달리지 말지어다.

훌륭한 다독은 우리 머릿속에 자연스럽게 그런 표들을 그려 넣게 할 것이고 그 머릿속에 완성될 훌륭한 표를 위해서 계속 더 읽고 싶어하는 호기심이 자라나는 것이다.

굳이 내용이해를 위해서 필요한 해설표가 아닌 **단순한 정리표라면 다 무시하라.** 다독을 위한 훌륭한 교재는 하나의 소설처럼 흘러가는 느낌의 것이다.

그렇다고 필자가 **무조건 정독을 배척하라는 것은 아니다.** 한 번 보고 말 책이나 일정한 부분의 일정한 도표라면 그 필요도에 따라서 당연히 정독하라.

단 수험공부나 자격시험처럼 정말 **여러 번 보더라도 100% 이해해야만 할 책이 있다면 그 책은 반드시 다독하라.** 도대체 내가 몇 번을 보았는지 기억도 나지 않을 만큼.

　마지막으로 다독의 단점들과 대처방법을 정리해보자. **첫째** 4-5회 되기 전에는 효과가 별로다. 따라서 시간을 계산해서 최소 5번을 목표로 공부를 시작하자.

　둘째 여러 번 본 책을 버리거나 분실하면 정신적 공황상태가 될 수 있을 만큼 그 책이 중요해진다. 그러니 결코 그 책을 버리거나 잊지 말자. 소중하게 다루어서 단 한 페이지라도 손상되지 않도록 잘 지키자.

　셋째 계속 더 보고 싶은 마음을 가눌 길이 없어서 다른 과목도 공부해야 할 경우 많이 심난하다. 따라서 다른 과목까지 포함하는 장기계획도 중간 중간 세워줘야 한다.

　마지막으로 복습단위의 크기도 잊지 말아야 한다. 복습단위가 너무 크면 막막해지기 쉽고 너무 작으면 지루해지고 호기심의 에너지원이 사라지리라. 이 적당한 길이를 '단위'라고 부르는데 자세한 설명은 차후에 나온다.

세가지 균형 그 첫 번째
학습방법의 균형

– 쓰기의 비중을 줄이자

보통 우리가 공부하는 방법에는 3가지 유형이 있다. 리듬을 기준으로 한 분류인데 가장 빠른 **눈으로 보기**, 그 다음의 **소리내어 읽기**, 마지막의 **손으로 쓰기**가 대표적인 것이다. 혹자는 마인드맵 류 등의 그림으로 도표그리기 라든가 특별한 다른 케이스를 들고 나오겠지만 일단 대표적인 위 3가지를 기준으로 설명해본다.

가. 눈으로 읽기

우선 **제일 중요한 리듬**은 눈으로 **읽기리듬**이다. 속도가 가장 빠른 '눈으로 보기'가 당연히 시간당 공부의 속도를 가장 높여 주겠지만 눈을 이용  해 공부할 경우에는 **쉽게 피곤해진다는 점**, 수학을 연습장에 풀어본다든지 할 때처럼 일부의 경우 사용이 불가능할 수 있다는 점 등이 단점일 것이다.

필자는 이 눈의 사용– 특히 올바른 줄치기 방식이나 첫자모 힌트법 등을 사용할

^{경우} -이 효율적인 공부방법의 중요한 줄기라고 믿고 있다.

올바른 줄치기 방법이라고? **첫째 샤프**, 그것도 가능하면 0.3, 그것도 다시 연한 심을 권장한다. 그런 샤프를 들고 줄을 치는데 최대한 중복되는 것은 빼 버리고 정말 최소한도만을 살살 줄 치도록 하라.

필자는 보통 **두 글자** 내외만을 줄친다. 많아야 한 4글자 정도인 듯하다. 수학 같은 경우 중요공식, 그림이 있을 경우에는 옆에 살짝 브이형태 체크를 하여라. 급할 때는 사실 이러한 줄조차 의미가 없다. 그냥 읽다가 중요한 내용을 좀 더 보면 된다.

공부방식에 있어서의 중요한 논쟁거리인 정독과 다독의 우열에 있어서 필자는 확실히 다독의 손을 들어주고 싶은데 여러 번 빠른 속도로 읽는 다독의 경우에 과도한 색칠이나 형광칠은 분명 엄청난 마이너스 요소이다.

최초에 형광펜 등으로 줄을 칠 때 느껴지는 무언가 머릿속에 들어간다는 느낌은 단순히 오른손이 가려지는 데서 오는 호기심효과일 뿐이니 그러한 느낌에 현혹되지 말라. 그것은 단 한 번만 효과가 있는 속임수일 뿐이다. 계속적인 호기심을 원한다면 첫 자모힌트법을 익히도록 하라. 뒤에 설명한다.

눈을 사용해서 읽는 속도가 어느 정도가 적당한지 모른다면 눈이 방황한다는 느낌이 생긴다면 왼손을 사용해보라. 왼손잡이는 오른 손을 사용하라. 눈만을 사용해서 공부하면 쉬 피로해지고 특히 빠른 속도 등으로 오른쪽만의 사용을 유발하기 쉬운데 **왼손가락을 읽는 부분에 갖다 대고 기준으로 삼아서 천천히 읽는 속도에 따라서 아래로 내려 준다면 그리 빠르지도 느리지도 않은 적정한 속도가 나오기가 쉽다.**

잘 쓰이는 손은 책을 읽을 때 이미 활성화된 뇌 쪽을 사용하므로 써 보았자 별다른 변화가 없지만, 잘 쓰이지 않는 손을 사용함으로써 역시 잘 쓰이지 않았던 두뇌의 나머지 한쪽을 마저 쓰도록 자극한다는 이야기이다.

워낙 중요한 사항이라 다시 다루겠지만 예습스트레스와 복습스트레스는 같은 스트레스이지만 완전히 틀리다. 모르는 것을 이해하려고 머리 아프게 매달릴 때와 이미 잘 아는 것을 다시 반복해서 쓰는 경우를 비교해보라. 둘 다 스트레스이지만 그 종류가 같을 수 있을까? 당연히 완전히 다른 문제다. 자외선 적외선의 관계처럼 제일 멀리 떨어져 있는 것이다.

원래 필자는 오른손잡이이고 당연히 왼쪽 두뇌위주로 공부하는 게 확실했다. 이론적으로도 당연하거니와 실증적으로 공부 좀 하려 하면 항상 잘 쓰지 않았던 오른쪽 머리나 목 혹은 눈이 아팠으니까 말이다.

그러나 위의 식으로 공부한 이후로는 이런 단점이 많이 없어짐은 물론이거니와 모든 읽은 지식들이 좀 더 **장기저장** 목적으로 잘 정리되고 있다는 느낌을 받게 되었던 것이다.

물론 계속 사용할 필요는 없다. 잠깐씩 쉬다가 눈이 방황한다는 느낌이 생길 때 다시 사용하면 된다.

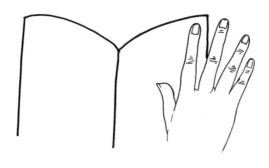

왼손을 사용하는 또 하나의 이유도 있다. 눈이 방황하지 않도록 하는데 중요한 역할을 한다는 것이 그것이다. 시선이 손가락 주변으로 집중되는 것이다. 또한 왼손이던 오른손이던 손을 사용하면 아래쪽이 가려져서 보이지 않게 되는데 바로 이것도 중요한 장점이 된다. 아래쪽이 보이지 않음으로 인해 우리의 눈이 방황할 필요가 없고 자연스럽게 순간순간 궁금증이 생기고 호기심이 유지되면서 진도를 나가게 되는 것이다.

얇은 포스트잇으로 순간순간 진도를 붙여 놓도록 하라. 그러면 짬짬이 손까지 다 쉬었다가 복귀할 때 매우 유용하다. 포스트잇의 끈기가 사라지기 시작하면 다시 새로운 것으로 교체하면 된다. 여기서 팁 하나를 추가하자면 책 뒤나 여백에 미리 포스트잇 얇은 것들을 여러 개 붙여놓고 다니면서 교체하면 편하다.

첫 자모 힌트법을 설명하기 위해 암기사항 들이 몰려 있을 경우를 보자. 예를 들자면 영어에서 완료시제의 4가지 용법은 계속, 경험, 결과, 진행 이다. 이 4가지를 외워보려면 다음과 같이 해보자. ㄱ,ㄱ,ㄱ,ㅈ 이라 옆에다 살짝 써 놓고 그 힌트를 보면서 위 내용을 외워보자. 영어라면 알파벳 a,b,c등으로 쓰면 될 것이다.

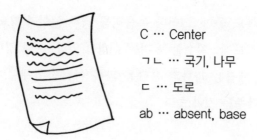

C … Center

ㄱㄴ … 국기, 나무

ㄷ … 도로

ab … absent, base

1:2, 1:3, 1:4 등의 기준도 설명해보자. 외워야만 할 사항 혹은 중요한 이해사항을 줄 친 후, 복습할 시에 중요치 않은 것은 1번 읽고 줄이 쳐진 암기사항 혹은 중요사항은 2~4번을 읽는다는 것이다.

개인적으론 1:3을 좋아하는데 사실 이 비율은 예습 스트레스와 복습 스트레스가 적절하게 유지되기에 제일 일반적인 정도이다. 참고로 예습과 복습 스트레스의 정도를 쉽게 알 수 있는 기준은 목의 상태이다. 양쪽 귀 밑으로 손을 내려서 목의 중앙부에서 멈춘 후 양 옆의 튀어나온 부분을 세게 누른 상태로 문질러보면 대부분의 경우 한 쪽이 더 아프거나 튀어나와있다고 느낄 수 있다.

오른쪽이 더 많이 아프고 튀어나와 있을 때에는 예습스트레스가 심한 것이며 왼쪽이 더 많이 아프고 튀어나왔을 때는 복습스트레스가 심하다는 뜻이다. 즉 목의 상태에 따라 예복습의 균형정도를 판단해서 오른쪽이나 왼쪽이 튀어나온 정도를 기준으로 약간씩 조절해주는 것이 좋다. 오른쪽이 아플 때면 1:4 왼쪽이 아플 때면 1:2 이런 식으로 정해주면 된다.

간혹 아주 어려운 것은 1:5 이상의 비를 써도 좋고 심지어 무한 반복도 좋다. 그러나 복습비를 너무 높이면 필요이상으로 복습스트레스지수를 올리는 위험이 있다. 이럴 경우 등을 대비해서 예습용 과목과 복습용 과목을 지정한 채로 계속 균형을 잡아주는 것이 좋다.

최소줄치기, 왼손사용, 포스트잇사용, 자모힌트법, 1:3비율조정, 나눠이해하기 등을 통해서 효율성으로 무장한 **눈으로보기**는 필자에게 얼마 전에 하루 100페이지의 법률서적 돌파기록을 가져다주었다.

보통 법률서들이 1000여 페이지에 육박한다는 점을 감안

한다면 효율적인 눈 사용 공부방법이 얼마나 대단한지는 다시 말할 필요가 없을 것이다. 천 페이지 책을 10일 만에 돌파하다니!

물론 페이지를 중요한 기준으로 삼는 것은 좋지만은 않다. 왜 그런지에 대하여는 추후에 설명하도록 하자.

나. 듣기와 읽기, 녹음하기

소리 내어 읽기(녹음하기), **듣기리듬**은 언제 써야할까? 물론 전통적으로 교과서 등을 소리 내어 읽는 방식이 있다. 이 방식이야 너무 잘 알려진 것으로 추가설명은 생략해도 될 것이다.

필자가 주로 중학교 때 사용한 방식으로 그 때도 제법 공부를 잘했다. 여기서 새삼 사극에 나오는 '하늘 천 따 지 ~'를 되새길 필요는 없다. 조상 대대로 사용한 나름 좋은 방식이라 인정한다.

어학 시험공부 시 무턱대고 읽기만 하는 것도 나쁘지 않다. 그러나 이런 **뻔한 이야기들은 이 책의 집필 목적과 거리가 있다.**

그래서 **새롭고 효율적인 방식을 설명해본다.** 필자는 간혹 영어단어를 정리할 때 다음의 방식을 사용하고 있고 무척 효과적이라고 생각한다.

안드로이드 앱 중에 AndRecorder 등의 프로그램을 사용하면 자신의 목소리를 녹음해서 원클릭만으로 반복해서 듣기

까지 가능하게 된다. 아이팟, 패드 앱 중에서는 clear record
라는 것이 있다. 기능은 약간 떨어진다.

　이런 앱들을 이용해서 영어단어를 **한국말뜻, 영어단어, 간
단한 예문** 순으로 녹음해보자. 적정시간은 7초정도가 좋다.
10초가 넘어가면 지루해진다. 참고로 들을 때는 3-4회 반복
정도가 좋다.

　이 앱들은 녹음 후 원터치로 반복재생이 되도록 하는 것이
가능하다. 보통의 음성녹음 프로그램들은 3-4단계를 거치는
데 이런 귀찮은 작업은 학습의 흥미를 잃게 하는 지름길이다.

아름다운 ⁻ beautiful ⁻ There is a beautiful girl.

　들으면서 **재명칭기능**(즉 rename)**을 이용해서 파일 명칭을 외우
고 있는 단어로 바꿔보자.** 플레이 중에 이렇게 파일명을 바꾸
면서 3-4회복습을 동시에 진행해보자. 낭비되는 시간이 정말
거의 없을 것이다. 일단은 단어명만 리네임하자.

　그러나 시간의 여유가 있거나 복습회수가 2번째 혹은 3번
째가 되는 이후에는 예문의 내용까지도 다 포함해서 리네임하
자. 3줄까지 표시되는데 3줄이면 짧은 문장은 거의 다 쓸 수
있다.

　이런 식으로 녹음해 놓고 틈틈이 반복복습을 해보자. 아
여기서 '아주 중요한 사실 -복습의 가장 중요한 원리' 하나- 이런 식의 공
부에서 **복습은 뒤부터 하도록 하라.**

많은 사람들이 복습은 무조건 책의 첫 페이지부터 한다. 얼마나 멍청한 방법인가? **"그런 학습자들은 항상 1단원전문가가 될 뿐이다."** 복습은 뒤부터 즉 최근 것부터 해야 효과가 있는 경우가 많다.

시간과 정성이 허락하는 한 서서히 앞으로 가다가 지겨워지고 효율성이 떨어지면 그만 두면 된다. 공부란 **호기심**이라는 중요한 에너지원을 갖고 있는데 계속되는 복습은 무기력증을 유발하는 왼쪽을 활성화시키고 추진에너지를 소비하므로 과도하지 않은 복습은 필수적이다.

그리고 이런 형태의 복습이 가장 잘 이용될 수 있는 것이 단어녹음 및 듣기인 것이다. **가장 최근에 녹음한 것부터 역순으로 지칠 때까지 복습해보아라.**

참 이렇게 자기 목소리로 녹음해서 듣다보면 두 가지 뜻밖의 사실을 발견할 수 있다. 첫째 자신의 목소리로 녹음했으면서도 **뒤의 예문 부분은 듣기가 되지 않는 경우가** 자주 있다.

둘째 리스닝, 스피킹이 놀랄 만큼 좋아진다. 단어도 체계적으로 외우고 리스닝도 좋아진다면 일석이조가 아닌가.

또한 외국어를 배울 때 가장 중요한 포인트는 사실 읽고 독해하는 것이 아니다. **누구나 알다시피 외국어를 공부하는 궁극의 목적은 듣고 말하기이다.** 그런데 우리는 이 방식을 통해 이 궁극의 목적을 준비할 수 있는 것이다.

이왕이면 약간 빠른 속도로 녹음하고 반복해서 들으라. **자신의 발음이 원어민처럼 될 때까지, 속도는 원어민보다 약간 빠르게 될 때까지 끊임없이 녹음하고 다시 녹음하면서 실력을 키우도록 하라.** 어느 순간 듣기와 말하기의 달인이 되어 있을 것이다. 외국어에 대한 자세한 공부방법은 이번 수정판의 특집 편에서 더 상세히 기술하고 있으므로 참조하도록 하자.

또 하나 중요한 점은 녹음 순이 영어 -한글 순이 아니라는 것이다. 당연한 말이지만 우리가 외워야할 중요사항이 '영어'임에도 불구하고 대부분의 학생들은 영어- 한글 순으로 외우면서 포인트를 뒤에 있는 '한글'에 둔다는 불합리한 공부방식을 따르고 있다.

단기적으로 당장 내일 단어시험을 본다든지 그런 경우 말고는 오히려 **한글-영어의 순**으로 공부하고 외워야 '영어'가 외워진다는 것은 당연하다. 힌트가 한글이고 답은 영어이어야 한다는 것이다.

그리고 이런 듣기 리듬이 정말 중요해지는 또 하나의 이유
는 처음 설명한 **눈으로 보기 리듬의 부작용을 해결**할 수 있
다는데 있다. 너무 당연한 이야기지만 눈으로 계속 공부하면
눈이 얼마나 피곤해 지겠는가?

그럴 때 이런 **녹음하기-듣기 리듬**을 사용해보라. 눈을 감
고 사용해보면 곧 편안한 눈을 되찾을 수 있을 것이다.

듣기 리듬을 사용해서 도움이 되는 또 하나의 케이스는 **운
동시간이나 지루할 때 음악을 들어보라**는 것이다. 부족한 듣
기 리듬을 보충해줄 뿐 아니라 정신을 맑게 해준다. 원래 듣
기 리듬은 매일 적정한 비율을 유지시켜 주는 것이 중요하다.

특히 요가매트 등을 깔아놓은 채로 그 위에서 왔다갔다
운동을 하면서 공부하는 내용을 들어본다면 부족한 운동량
도 보충하면서 공부도 효율적으로 할 수 있다. 필자는 하루
에 최대 5시간을 이와 같이 걷는 경우도 있을 만큼 이 방식을
애호한다. 독자분들도 실험해보시라. 더욱 건강하고 맑아지

는 정신과 육체를 느낄 것이다.

요즘 필자는 위의 녹음활동에 하나를 추가실험중이다. 음악 가사를 표현하는 기능을 이용하여 예문의 내용을 눈으로 확인토록 변환하는 과정을 연구하는 중이다. 좀 더 쉽고 간단하도록 여러 가지 실험을 한 후 다음 버전에서는 이 부분을 보충해보자.

다. 쓰기 그리고 결론

마지막으로 **쓰기 리듬**이다. 필자는 쓰기 리듬의 최소화를 주장하는 바이다. 많이 쓰면 **소화가 잘 되지 않는다**는 부작용도 물론 중요한 발견사실이다.

그러나 더욱 중요한 것은 **공부 속도가 제일 느려진다는 것임은 분명한 사실이다.**

선생님들이여, 학원 강사님들이여, 과외선생님들이여 부디 검사하기 쉽다고 **반복해서 쓰는 숙제를 애용하는 것을 삼가 주시라. 가장 느리고 비효율적이며 게다가 장도 꼬이는 백해무익한 숙제다.**

그 과학적인 메커니즘을 의학에 무식한 필자로서는 알 도리가 없지만 훗날 구체적 메커니즘이 과학적으로 증명되기를 바라마지 않는다.

물론 필요한 시기에는 어쩔 수 없다. 가나다라 알파벳을 배우거나 처음 방정식을 배울 때는 필요할 것이다.

기어코 쓰기를 통해서 공부하겠다는 학생들에게는 그나마 요령 하나를 말해본다.

책이나 교재의 부족한 부분을 보충하는데 그 욕구를 사용하도록 하라. 책의 행간이나 여백에 보충해 넣을 내용을 쓸 때 우선 첫 한 글자씩 만 써 놓았다가 나중에 복습할 때 나머지 단어를 채워 넣도록 해 보라.

양 ➡ 양귀 ➡ 양귀비

그나마 쓰는 리듬이지만 호기심을 유지하면서 적당히 즐길 수 있을 것이다. 노트에다 빼곡히 예쁘게 쓰는 것에 너무 만족해 하지지 말지어다. 그것은 대부분의 경우 시간낭비다.

추천 하나 더! 위에 **듣기 리듬을 이용한 단어녹음의 원본을 노트에 만들어 놓을 때 이 쓰기리듬을 이용하는 것도 나쁘지 않다.** 원체 뒤에 예문은 잘 들리지 않는 경우가 많아서 꽤 유용할 것이다.

여하튼 쓰기리듬은 대부분의 경우 낭비다. 차라리 그 시간에 교과서나 기본서를 한 번 더 보면서 중복되는 내용이나 정말 필요 없는 내용을 화이트로 지워버리도록 하라.

화이트로 지우는 작업도 쓰는 리듬처럼 느리긴 하므로 귀찮은 작업인데 책에 따라서는 정말 필요하다. 너무 많은 쓸모

없는 부분이 덩어리 채로 나온다면 나름대로 표시를 해 놓고 복습에서 제외하여라.

필자는 샤프로 크게 X자 형태를 표시해놓곤 한다.

수학은 어떻게 푸느냐고? 다 써야만 한다고 생각하는가? 물론 필자도 간혹 가다 한 번씩 즉 제일 처음 정도하고 간혹 여유 있을 때 풀어보는 것은 중요하다고 생각한다.

아직 식을 쓰는 것 자체가 미숙한 학생들에게도 쓰는 것이 중요하다는 사실에는 가슴 아프지만 동의하는 바이다. 그러나 웬만큼 내용을 아는 학생들은 그렇게 일일이 90% 이상 아는 문제를 다 써보는 것을 결코 권하지 않는다.

차라리 눈으로 보기를 바란다. 물론 10%의 중요한 부분 다시 말해서 첫 번째 식의 수립 부분이나 중요한 공식의 적용부분 등에는 당연히 줄을 쳐 놓고 1:3의 법칙을 따르도록 하라.

그리고 왠지 이것만으로 부족하다는 생각이 들거나 잘 외워지지 않을 경우 혹은 이해되지 않을 경우에는 소위 **보조문제**를 만들어도 좋다.

즉 가장 중요한 부분이 유도되는 바로 이전 부분을 힌트로 그 중요한 부분을 네모(즉 블랭크)로 표시하고 첫 자모 힌트법에서 처럼 반복해서 외워보아라.

피타고라스 정리는?

간혹 불안하면 풀어보아도 좋다. 원래 누구에게나 약간의 쓰고자 하는 욕구도 있는 법이다. 그러나 같은 시간에 시험범 위를 쓰기로 1-2번 풀 동안 눈으로 공부하면 10번도 반복할 수 있다.

물론 수학에서는 누구나 알다시피 **틀린 문제를 골라서 복습하면 어느 정도 시간을 줄일 수 있다.** 어차피 쉽거나 항상 맞는 문제는 간혹 가다 풀면 될 것이다.

결론적으로 위의 세 가지 리듬 중에서 **눈으로 공부하기 리듬이 듣기, 말하기와 합쳐서 90%~95%이고 쓰기는 5%~10%가 되도록 하면 된다.** 빠르고 정교한 눈으로 공부하기 리듬이 역시 주인공이다.

마지막으로 세부적인 비율은 개인차가 존재할 수도 있다는 점을 고려하자.

세 가지 균형 그 두 번째
수면, 운동 그리고 공부

위의 2~3단원에서 다독과 눈으로 공부하기를 파악하였는가? 그렇다면 그 2가지 정말 중요한 원칙만 실천하면 무조건 공부를 잘 할까? 결코 그렇지 않다.

머리가 맑지 못하다면 또 오른 쪽이나 왼쪽중 하나만 활성화되었다면 눈으로 보기 공부 방법은 별반 소용이 없다.

눈으로 보기 리듬은 레이싱 카다. 빠른 대신에 높은 순도의 휘발유를 필요로 한다. 저질 체력, 저질 두뇌로는 감당할 수 없는 뛰어난 존재다. 따라서 머리의 청정함과 균형, 체력적인 튼실함 이 모두를 구비하도록 잘 조정하라.

이제 이 고순도 휘발유를 우리의 눈과 두뇌에 공급하기 위해서 나는 공부와 두뇌를 지배하고 마침내 어느 정도 신체를 지배하는 또 하나의 균형에 대해 말하고자 한다.

그 균형은 수면과 운동과 공부간의 균형이다. 3가지 중에 어느 하나라도 과도 혹은 과소하면 많은 문제들을 일으키리라.

  잠깐 부언하자면 수면을 줄이려고 노력하기 보다는 균형을 잡을 정도의 **적당한 수면**이 중요하다는 사실이다. 개인적으로 필자는 고3 수험생활 때도 수면시간은 항상 9시간이상을 유지했다.

  물론 편두통 때문에 이토록 많았을 수도 있으나 그렇게 함에도 내 기억이 맞다면 모든 교과서를 적어도 50여 번은 읽은 듯싶다. **머리가 맑은 상황에서 제대로 집중해서 공부한다면 읽는 속도와 기억의 정확성은 상상을 불허하는 법이다.**

  기억하라. 어떤 지식은 단 한번 들음으로써 일생을 가고 어떤 지식은 몇 십 번을 거듭 보아도 항상 헤매게 된다는 사실을 말이다.

  위에 기술한 **눈을 사용하는 리듬을 제대로 활성화하려면**

충분한 수면이 필수 선결 조건이다. 4시간 자면서 공부해서 성공했다는 사람들을 잊어버려라. 최소한 이 책을 읽고 여기 나오는 공부 방법을 익힌 분들은 그렇게 하지 않아도 된다.

물론 수면의 양만이 중요한 것은 아니다. 이왕 잘 거면 **숙면을 취해야 한다**는 것은 당연히 중요하다.

여기서 주의점 하나 복습스트레스가 심할 때 즉 목의 **왼쪽만 튀어나왔을 때는 자지 않으려고 노력하라.** 이럴 경우에 졸음은 그저 운동부족과 무기력에 지친 자들의 피난처로서의 역할 뿐이다. 이럴 경우 적당한 운동을 하면서 오히려 예습에 해당하는 책을 읽도록 하라.

일반적으로 어려운 책을 빨리 보면 예습스트레스로 인하여 오른쪽이 자극받기 쉽다. 필자는 어려운 수학문제를 정리해 놓은 프린트를 많이 이용하는 편이다.

운동의 중요성도 그 무엇보다 중요하다. 필자는 아주 간단하게 이렇게 생각곤 한다. 머리에 피가 몰리는 게 공부라면 우리에게 필수적인 운동은 사지 즉 손발 특히 발로 피가 몰리게 하는 거라고 말이다.

따라서 운동 특히 하체운동의 중요성은 아무리 강조해도 지나치지 않다. 아주 간단한 실험 한 가지를 제안해보니 부디 읽는 분들은 따라해 보기 바란다.

너무너무 머리가 빡빡한데 공부는 해야겠고 잠도 오지 않

을 경우 일어나서 왔다갔다 해보라. 어렵다면 가벼운 앞발차기
라도 좋다. 이왕이면 적어도 20분 이상 참으면서 이와 같이 운
동을 해보라. 가벼운 앞발차기라도 20분 이상이면 약간의 땀
이 날 정도가 된다. 그것도 귀찮다면 침대에 엎드려서 허리운동
을 하거나 몸을 약간 틀어서 앉은 채로 발차기를 해보라.

그리고 앉아서 다시 공부를 시도해보라. 많은 경우 이 간
단한 휴식 겸 운동만으로도 다시 공부할 자세가 가능해진다.
이런 시도를 20분 이상 했는데도 졸리다면 차라리 푹 자고
맑은 정신으로 공부하라. '누구누구는 몇 시간 자는데...' 등
의 자학적인 비교는 하지 말라. 공부란 자신과의 싸움이다.

그리고 마지막으로 **공부의 중요성**을
말하고자 한다. '공부가 중요하다고?
공부란 하지 않을수록 신체가 건강해지
지 않을까?' 라고 생각하는가? 결코 그
렇지 않다.

**공부는 새로운 지식을 두뇌에 공급
해줌으로써 뒤에 나올 내용이지만 예
습 스트레스로서 두뇌의 오른쪽을 활
성화시켜주는 중요한 삶의 에너지원이
다.** 절망이나 우울증의 나락에 빠졌던
많은 사람들이 새로운 배움을 통해서 희망과 활력을 얻고
있는 현상을 우리는 우리 주변에서 정말 자주 보지 않는가?

복습스트레스가 우리를 침착하고 점잖게 만드는 작용을 한다는 사실도 기억하자. 물론 예습이든 복습이든 과도할 경우 문제점이 생기는 단점도 있지만 아예 하지 않는 것보다는 하는 편이 낫다. 인간이 인간인 이유가 '배움' 때문이라면 과도한 주장이라고는 못할 것이다.

하루 공부 분량은 어느 정도가 적당한지도 이참에 말하고 넘어가자. 좀 더 많은 사례의 연구가 필요하겠지만 필자와 주변의 경우를 종합해보면 **순수하게 하루 6시간 넘기기는 무척 어렵다.** 하루를 온전히 자기 것으로 하더라도 말이다. 물론 하루 분량을 8시간으로 할 수도 있지만 그것은 정말 그 다음 날을 전혀 고려하지 않는 바보스런 생각이라고 주장한다.

단 하나 예외가 운동과 함께 하면서 하는 공부는 8시간을 채울 수도 있다. 듣기와 걷기를 병행하는 경우이다. 물론 이런 식의 병행방식은 건강에도 좋은 영향을 미치므로 적극적으로 권장하는 바이다.

필자가 권하는 적정 수면, 운동 그리고 공부의 시간은 9시간, 4시간 그리고 4-6시간이다. 이 비율은 개인차가 존재하는 것은 물론이다. 또 공부는 그 난이도에 따라서 2-3시간이 늘 수도 있는데 위에 5시간이라 쓴 것은 어려운 공부를 적어도 절반 이상을 할 수 밖에 없는 한국의 청소년들을 위해 제시한 것이다.

물론 학교에 가있는 이유만으로 공부시간이 12시간이라

주장하는 그런 셈법이 아니라 정말 집중해서 공부하는 그런 시간만을 계산한 것이다.

　에디슨 이야기를 해보자. 에디슨은 며칠 밤을 자지 않아도 멀쩡한데 왜 나는 안 되느냐고 화가 나는가? **에디슨이 밤새워 한 것은 새로운 지식에 대한 공부가 아니라 실험과 고민이었고 이런 단순 반복 작업은 두뇌를 혹사하지 않는다. 몸이 힘들 뿐이다.**

세 가지 균형 그 세 번째
예습과 복습

예습과 복습을 이 책에서는 오른쪽 왼쪽자극으로 각각 혼용해서 명칭을 부른다. '예습은 주로 오른쪽을 자극하고 복습은 왼쪽을 자극한다.' 이해가 되지 않는다면 바로 간단한 실험을 해보라. 예습을 많이 한 후 한숨 자거나 일정한 시간이 지난 뒤에 자신의 목을 체크해보라.

귀 밑으로 내려와서 정면 90도 쯤에서 튀어나온 부분을 세게 눌러서 앞뒤로 문질러 보면 더 아픈 부위가 있기 마련이다. 어려운 부분을 빠른 속도로 시간에 쫓기면서 읽을수록 더 빠른 속도로 오른 쪽이 튀어나오고 통증도 심해진다는 것을 확인할 수 있을 것이다. 반응의 속도는 개인차가 존재하므로 일률적으로 말하긴 곤란하지만 길어도 하루 이내에 그 결과를 확인 할 수 있다.

이러한 명제를 받아들이기 어려운 독자들이 있으리라 생각한다. 그럼 이 책에 나오는 **왼쪽은 복습**으로 **오른쪽은 예습**으로 바꿔서 읽어주시길 바란다.

최소한 무척 둔감한 분이라도 예습과 복습의 여러 가지 느낌이 많이 다르다는 정도는 느끼시리라. 예습을 위주로 공부한다는 것은 예를 들어 어려운 수학문제를 계속 푸는 경우이다. 복습위주로 공부하는 것은 예를 들어 잘 아는 영어문장을 수도 없이 써야 하는 경우이다. 이 두 가지 공부가 얼마나 틀린지는 상상하는 즉시 느낄 만큼이 아닌가? 분명 예습스트레스와 복습스트레스는 완전히 다른 문제다. 이 사실을 인정한다면 그것으로 충분하다.

왼손잡이도 관찰해본 바에 의하면 오른손잡이와 똑같은 메커니즘을 갖고 있다고 보이는데 혹시라도 이에 대한 반증이 있다면 알려주시라. 다음 판에서 교정하겠다.

우리는 예습과 복습의 중요성을 잘 알고 있다. 하지만 이러한 균형이 얼마나 중요한지 정말 알고 있는 것일까? 필자는 적게는 수백 명 많게는 수천 명을 가르쳐왔다. 아마 직접 공부 방법을 지도하고 예습과 복습의 비율까지 본 제자는 수백 명 수준일 것이다.

왼손잡이도 오른손잡이도 관계없이 대부분의 경우 -간혹 예외도 있었다. 좀 더 정확한 조사가 필요할 것이다.- **빠른 속도일수록, 어려울수록, 예습일수록 오른쪽 머리가 아프고, 목도 오른쪽 목이 뻐근해진다.** 목 주위 근육이 뭉친다는 말이다.

반대로 복습일수록, 느릴수록, 쉬울수록, 반복회수가 많을

수록 왼쪽 목이 뻐근해진다는 것 또한 관찰해왔다.

목 주위의 촉진 -만져서 어느 쪽이 더 튀어나와있는지를 감별하는 것- 이 잘 안 되는 분들이 혹시 있을지 몰라서 좀 더 상세히 설명해보자.

반대쪽 손으로 자신의 목의 정확한 양옆 90도 부분을 약간 세게 눌러보아라. 귀를 기준으로 그대로 내려서 만진다고 해도 좋다. 그 부분을 지긋이 누른 후에 누른 상태 그대로 앞뒤로 이동시켜 보라. 그러면 **근육 혹은 힘줄처럼 좀 튀어나와서 딱딱하게 걸리는 부분이 있다. 바로 그 부분이 중요하다.**

주로 오른쪽, 왼쪽 90도 부분과 왼쪽 약간 뒤 부분 그리고 아예 목의 완전한 뒷부분의 촉진도 제일 중요하다. 왼쪽 약간 뒷부분은 주로 소화가 잘 안될 때 튀어나온다. 아예 뒷 부분은 눈이 피곤할 때 튀어나온다. 의학지식이 별로 없는 필자로서는 그 정확한 설명을 전문가들께 미룬다.

이러한 관찰을 토대로 필자는 다음과 같은 이미지를 상상하면서 수많은 자기 실험을 해 보았고 많은 학생들에게 이런 식으로 지도하고 있다.

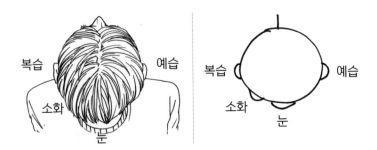

오른쪽이 튀어나와 있는 상황이라면 복습위주로 반대의 경우 즉 왼쪽이 튀어나와 있는 상황에서는 예습위주로 공부를 하라고 말이다. 사람에 따라서는 목에 대한 통증이나 편두통이 아니라 감정으로 나타나는 경우도 있다.

감정적으로 설명하자면 밖으로 뛰쳐나가고 싶고 속에서 부글부글 무엇인가가 끓어오르는 느낌이 드는 경우가 예습스트레스가 심한 경우이다. 반대로 우울해지고 무기력한 느낌이 들고 혼자있고 싶다고 잠자고 싶다고 느끼는 경우에는 복습스트레스가 심한 경우이다.

통증과 감정 이외에 소화가 되지 않고 장이 꽉 막힌 느낌이 드는 경우에는 복습스트레스가 심한 경우이며 빠른 리듬으로 공부하는 경우에는 심장에 압박감이 느껴지기도 한다.

한 가지 주의점은 이러한 스트레스들은 마음이 동해서 집중할수록 또 공부방법이 효과적일 수록 그 효과가 더욱 선명하게 되고 집중도가 떨어질수록 또 억지스러운 마음일수록 그 효과는 약해진다.

드디어 이것이었다. 필자를 그토록 고통받게 했던 고3때의 오른 쪽 편두통에 대한 해결책 말이다. 한 번 완전히 튀어나오면 그 치유와 균형 상태로의 회귀는 보통 어려운 것이 아니었다.

하지만 이 사실을 깨닫고 나서는 미리미리 상태를 파악해서 위와 같은 방식으로 대처한 결과 그런 끔직한 고통으로부

터 거의 해방될 수 있게 된 것이다. 사
실 이 발견이, 이후의 인생행로를 결정
하고 말았다.

편두통에 효과 있다는 웬만한 먹는
어떤 약보다 위 균형에 대한 이해가 이
증상에 대한 진정한 대처임을 필자는
확신한다. 굳이 편두통약을 먹을 필요
가 없다면 이 얼마나 획기적인 발견이란
말인가? 의학적인 설명과 메커니즘에 대해서는 전문가들의 연
구를 부탁하는 바이다.

간혹 반대인 사람이 있었다는 말을 다시 한 번 말한다. 그
들이 진실한 증언을 하지 않아서일까? 100여명에 한 두명인
경우라서 무시할 수도 있겠지만 아예 예외가 없지는 않았다는
사실도 밝힌다. 좀 더 대규모의 과학적인 연구 관찰이 필요한
이유다.

중요한 **심리적 메커니즘** 또한 다시 한 번 설명해보자. 무
슨 이야긴가 하면 예습스트레스가 심해서 오른쪽이 많이 자
극받았을 때는 성격이 성마르다고 해야 하나 여하튼 화가 잘
나고 대신 추진력과 에너지가 넘치게 된다.

복습스트레스가 심할 경우 혹은 자극부위가 왼쪽일 경우
에는 그 반대로 우울해지고 무기력해지면서 짜증을 내더라도
정확히는 화를 낸다기보다는 만사가 귀찮다는 식이 된다는

것이다.

필자는 심지어 실연 등의 슬픈 일로 우울할 때면 어려운 수학 문제를 통해서 그 우울함으로부터 더 빨리 탈출할 수 있다는 사실을 수많은 반복실험을 통해서 확신해왔다. 연구의 도중에 있었던 많은 우여곡절 속에서 얼마나 많은 좌절감을 느껴야만 했는지에 대하여 설명하고 싶지는 않다. 하지만 그 회수가 매우 많았고 그 때마다 가장 훌륭한 해결책중의 하나가 수학공부였다는 사실은 분명하다.

친밀하게 지냈던 지인과의 이별이나 연구에서의 좌절, 수 차례의 실연 등의 사건 등에서 같은 장면, 같은 느낌에 대한 회상현상이 끊임없이 일어나는 것을 확인했다. 이런 경우 목을 만져보면 왼쪽이 도드라지는 것을 반복해서 느꼈으며 강제로라도 오른쪽 즉 예습자극을 통해서 삶의 균형을 잡는 것은 훌륭한 해결책이었다.

신체적 메커니즘을 말할 차례다. 나는 결코 이러한 메커니즘이 우리 신체를 절대적으로 지배한다고는 생각하지 않지만 꽤 비중 있게 영향을 미친다고 확신한다. 좀 더 정확히 30퍼센트 일지 혹은 50퍼센트일지 알 도리는 없지만 무시할 수 없는 막강한 영향력이 있음은 도저히 부정할 수 없었다. 독자들이 뚜렷한 이유 없이 걸리게 되는 흔한 질병들은 대부분 이와 같은 두뇌의 장난일 수도 있다.

예를 들어 상한 음식을 먹고 식중독에 걸리거나 감기 바이러스의 창궐로 인하여 독감에 걸리는 것을 완벽하게 막을 수는 없지만 100명의 시식자 중에 50명이 식중독에 걸리는 순간에 균형을 잘 맞춤으로써 걸리지 않는 50명에 끼일 수도 혹은 걸린 50에 끼일 수도 있다는 것이다.

특히 주로 '신경성' 자가 들어가는 신경성 위염, 신경성 장염, 긴장성 두통 등 이런 막연한 병명의 경우에는 매우 중요하다. 필자의 부족한 지식으로는 이런 종류의 질병은 뚜렷한 이유가 없다는 공통점을 가지고 있는데 이 책에서 가장 강력한 후보들을 설명하고자 하는 것이다.

구체적으로 예를 들자면 복습스트레스가 심해서 왼쪽이 자극받았을 때에는 소화기 계통이 좋지 못하고 예습스트레스가 심해서 오른쪽이 과도하게 자극받은 상태가 계속 되면 감기 걸릴 확률이 매우 증가한다는 것 등이다. 감기의 경우 왼쪽이 자극받았을 때는 심한 몸살감기가 걸리기도 했다는 사실도 부연해본다.

이외에도 매우 많겠지만 상세한 연구는 후일을 기약하자. 한정된 자원과 실험체라고는 자신의 몸뚱이밖에 없는 열악한 환경에서는 이 정도가 한계이리라. 추후 제대로 된 연구소를 만들어서 보다 체계적인 연구를 해 보는 것이 인생의 소망이다. 여하튼 지금까지의 관찰과 반복실험의 결과 우리가 할 수 있는 최선은 위에 제시한 원리에 따라 오른쪽 왼쪽을 **교대로 아프게 하는 것이라는 사실을 주장한다.** 이와 같은 방식으로 균형을 잘 잡아주면 우리는 많은 질병을 예방할 수 있다.

감기에 걸리지 않은지 몇 년 된 필자는 다른 두 가지 균형의 유지와 함께 이 예습과 복습의 균형관리방법을 사용하고 있다. 뒤에 설명할 체조 등도 병행하고 있어서 그런지 배탈, 근육통, 두통 등 거의 모든 사소한 질병이 아예 없어진지 오래다. 심지어 심했던 관절염이 거의 다 나아서 이제는 계단을 뛰어내려가도 된다는 사실도 고백한다. 물론 몇 가지 원리와 세밀한 조정이 필요한 부분인데 이는 추후 다른 특집등을 통하여 자세하게 설명하도록 하겠다.

독자분들도 이 **균형의 원리를 이용해서** 건강의 혜택을 더욱 누려보자.

한 가지 부연 설명을 하자면 사람에 따라 목의 촉진이 어려운 경우가 꽤 있다. **만져봐도 잘 모르는 경우인데 이럴 경우 위의 심리적, 신체적 메카니즘을 참조하면서 균형을 잡으면 된다.**

즉 우울하면 왼쪽이 자극받은 것으로 여기고 예습을 하고 반대로 오른쪽 눈이 아프거나 괜히 가슴에 열기가 피어올라서 어디 가서 뛰어놀고 싶은 마음이 지나칠 때는 복습을 해 보자.

운동에 대한
몇 가지 제안

공부에 필수적인 운동을 하라고 권하면서도 대부분의 학생들에게 운동이란 피곤하고 머나먼 이야기라는 사실을 잘 알고 있다. 당연히 원래 운동광인 분들이야 오히려 지나치지 않게 조절하는 것이 필요하겠지만 말이다.

간단히 공부에 필요한 운동 몇 가지를 다음과 같이 제안한다.

가. 허리체조

공부를 열심히 효율적으로 했는지는 무엇을 보고 아는가? 필자는 그중의 하나가 허리통증이라고 강력히 주장하는 바이다.

양쪽 목의 뻐근함부터 시작한 공부의 후유증은 정말 열심히 공부할 수록 뒤쪽 양 날개뼈 근처의 통증을 거쳐서 거의 반드시 허리 통증으로 귀결된다.

공부 시 통증은
목 ➡ 뒤쪽어깨 ➡ 허리
순으로 내려간다.

　아직 통증이 허리까지 내려가지 않는다면 혹시 공부분량이
나 집중도가 낮지 않은지 고민해보시길 권한다. 워낙 튼튼하
신 분들이 예외일 가능성도 물론 있겠지만. 올바른 공부자세
가 위와 같은 공부의 부작용을 해결해줄 것이라고 믿는 분
들이 있을 수 있다. 과연 그럴까? 공부시간이 많을 경우 특히
좌우불균형적인 상태가 될 수 밖에 없는 필기 등을 많이 할
경우에도 그럴 수 있는가? 필자는 부정적으로 생각한다. 공
부시간이 많으면 허리통증은 필연적이다. 피할 수 없다. 따라
서 확실하게 이에 대한 대응책을 설명하도록 한다.

　허리 척추 주변에는 등 근육이 있는데 현대인들이 잘 사용
하지 않는 근육이다. 운동으로 치자면 조정이나 윈드서핑 등
을 해야만 사용하는 근육이다. 바로 이 근육을 키우는 것이
핵심이다. '척추기립근'이라고 불리우는 것이 그것이다.
　일단 엎드려 누운 상태에서 양손과 배를 편한 형태로 바

닥에 대고 머리와 발을 살짝 뒤로 제껴서 몸을 활모양으로 만들고 머리나 다리 혹은 발 등 편한 부분을 우선시해서 까딱거려 보아라.

보통은 머리를 움직이는 편이 편하다. 등근육이 살짝 땅겨지는 것을 느낄 수 있는가? 필자는 보통 일주일이면 2-3일에서 공부를 많이 할 경우에는 거의 매일 자기 전에 이 체조를 100여개를 하고 잔다.

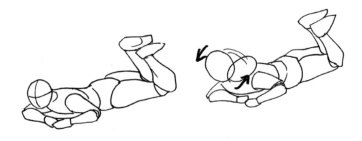

① 머리끝 다리를 제긴채
② 머리를 까딱거린다.
③ 고개는 좌우로 틈틈히 회전시킨다.

보통 한 번에 네 번씩 까닥거리고 머리를 좌우로 번갈아가며 기울이는 것은 좋은 버릇이다. 머리회전운동을 병행하는 이유는 심하게 공부했을 경우 간혹 나타나는 목이 한쪽으로는 돌아가지 않는 증상을 예방할 수 있어서이다. 물론 목근육을 풀어주는 효과는 당연하다.

아무리 좌우 균형을 잘 잡으려고 해도 여의치 않는 경우는 흔히 발생한다. 목이 한쪽으로 돌아가지 않으면 얼마나 불편한지는 한 번이라도 경험해본 분들은 잘 알고 있을 것이다.

이 허리 체조는 경험적으로 보아 각종 **척추질환의 예방과 보조적 치료에 탁월한 효과**가 있음은 분명하다. 필자는 이 체조만으로 디스크, 척추질환으로 고민하던 학생들이 서서히 나아가는 광경을 많이 봐 왔다.

상식으로 알고 있듯이 척추수술 등의 요법이 얼마나 몸에 좋지 않은지에 대하여 새삼 다시 말씀드릴 이유는 없다. 가능하면 이와 같은 체조로 치료해보자. 너무 심한 증상이 아닐 경우에는 아주 좋은 해결책이 될 수 있다.

측만증의 경우처럼 한 쪽이 더욱 아플 경우에는 아픈 쪽으로 약간 더 각도를 기울여서 위 운동을 해주면 된다. 이 체조도 일종의 '균형잡기'인 셈이다. 우리 인간에게 균형이란 얼마나 중요한 개념인가?

평소 걸을 때 구부정하다는 이야기를 많이 듣는 분이라면 **허리를 쭉 펴서 걷고 싶다면 특히나 이 체조를 꼭 하도록 하라. 아무리 원치 않아도 허리가 쭈욱 펴진다.** 허리를 무조건 억지로 펴는 것은 바보다.

억지로 허리를 펴려고 하면 너무 힘들어서 간혹 편한 시간에 옆으로 굽히기 마련이고 잘못되면 오히려 척추 측만증 등으로 고생할 수도 있다.

따라서 **체조를 통해 충분히 허리근육을 키우고 자연스럽게 허리가 펴지도록 각별히 신경을 쓰도록 하라.**

나. 어깨 체조

여담이지만 이 어깨체조는 개발의 과정에 골프를 좋아하는 필자의 성향이 녹아있다. 골프의 가장 중요한 에너지원은 몸통의 회전력이다. 공부하는 학생들에게는 뒤쪽 어깨가 뻐근한 증상을 예비하고 통증을 완화시켜준다.

몸통 중 하체를 고정한 상태에서 양손을 주먹 쥐고 살짝 붙일 듯 말 듯한 채로 어깨와 평행하거나 약간 아래로 늘어뜨린 상태에서 상체를 좌우로 돌려보아라.

운동 중에 돌아가는 방향의 반대방향어깨는 더욱 힘차게 반대쪽으로 쭉 돌려야 한다. 혹시 그 쪽 팔도 더욱 끝까지 돌리는 것도 나쁘지 않다.

계속 이 운동을 하고 골프를 배운다면 아마도 자신의 파워에 놀라게 될 것이다. 처음에는 무척 힘들다. 특히 필자같이 온몸에 유연성이라곤 없는 사람들이라면 많이 힘들 수도 있다.

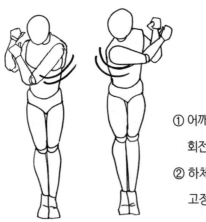

① 어깨는 좌우로
　 회전시킨다.
② 하체는 최대한
　 고정시킨다.

물론 골프만을 위한 것이라면 이 책에 실지는 않았을 것이다. 회전운동의 중요성은 우리가 흔히 말하는 '운동신경'이라는 것과 가장 큰 관련이 있기 때문이다. 담장 너머로 날라온 공을 차주려고 찼는데 헛발질하는 경우가 있었는가? 그렇다면 어쩌면 당신이 회전근육을 발달시키지 못해서일 경우이다. 따라서 회전근육운동을 통해 허리 주변의 돌리는 역할을 하는 부분을 잘 훈련한다면 당신은 어느 새 주변에서 '운동신경있다' 라든가 '날렵하네'라는 표현을 들을 수도 있는 것이다. 보이지 않는 부분이 더 중요할 수도 있다.

어깨체조의 쓰임새는 목에서 내려온 학습통증이 날개뼈로 내려왔을 때 유용하다. 양쪽 날개뼈 밑이나 근처가 뻐근한가? 미리미리 연습해온 어깨체조로 풀어주도록 하라.

한 가지 부연하자면 공부가 비효율적일 경우 근육 뭉침이 뒤쪽이 아니라 옆의 어깨 쪽을 타고 팔로 내려가는 경우가 많이 보인다.

이런 증상은 타이피스트나 워드작업 등을 많이 하시는 분들이 거의 공통적으로 겪는 일종의 직업병이기도 하다. 이런 작업들은 두뇌를 쓸 일이 없는 단순반복행동이라서 일종의 비효율적인 공부가 된다는 것이 필자의 생각이다. 보통 오십견이라고 불리우는 증상이다.

따라서 **타이핑이 아니라 공부를 하면서도 어깨가 아픈 분**

들이라면 자신이 비효율적으로 공부하고 있지는 않는지 살펴보아라. 쓰는 리듬을 많이 사용하는 분들일 경우가 많다. 쓰는 리듬이 비효율적이라는 간접적 증거도 된다.

어깨 체조를 꾸준히 해보라. 저절로 어깨가 펴지는 것을 알 수 있다. 억지로 어깨를 뒤로 제끼려 하지 말고 이 체조를 꾸준히 하라. 바른 자세 교정에 도움이 된다.

어깨를 펴게 만드는 데 좋은 또 다른 체조도 있다. 양손을 앞으로 쭉 뻗어서 손가락 사이사이로 두 손을 맞잡고 바깥쪽으로 잡아당기면서 위아래로 두 팔을 살짝 흔들어보자. 이와 같이 하면 평소에 잘 쓰이지 않는 어깨에서 뒷 등으로 연결되는 근육부분이 발달하게 되고 그 근육들이 어깨를 잡아당겨줌으로써 어깨가 자연히 펴지게 된다.

억지로 어깨를 펴는 것보다 훨씬 발전된 방식이다. 틈틈이 어깨 체조와 함께 이 팔체조도 해주도록 하라. 습관이 되면 뒷짐을 지거나 구부정한 상태가 아니라 어깨를 펴고 당당하게 걷는 자신을 발견하게 될 것이다.

어깨체조의 발전형이 있다는 사실도 말해주고자 한다. 위에 설명한 기본적인 어깨체조가 익숙해진다면 혹은 타고 태어난 신체적 조건이 좋거나 야구 골프 등의 회전운동에 익숙한 사람들이라면 따라해 보시라.

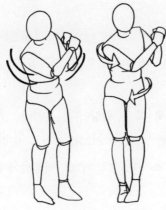

① 어깨를 회전시킨다.

② 하체를
반대방향으로
돌린다.

두 손을 몸 앞에 살짝 모은 상태로 어깨의 움직임과 허리의 움직임을 반대로 해서 왔다 갔다 돌려보아라. 즉 허리가 왼쪽으로 돌면 어깨는 오른쪽으로 또 허리가 오른쪽으로 돌면 어깨는 왼쪽으로 돌려보아라.

위의 기본 어깨체조보다 훨씬 빠르고 편하게 유사한 효과를 얻을 수 있을 것이다.

이 운동을 발전형까지 충분히 익혔다면 당신은 이미 스윙의 전문가다. 탁구, 골프, 테니스 혹은 야구에서 대단한 장타자가 되어있을 것이다.

다. 다리체조(걷기)

다른 체조들도 중요하지만 그 무엇보다 다리체조는 가장 중요하다고 생각한다. 일단 엄청나게 많은 시간을 이 체조들로 버텨야 하기 때문이다.

물론 **당연 1순위는 산책 혹은 워킹**이다. 걸어라. 많은 학자들이 그랬던 것처럼 간혹 산책을 하라!! 걷기는 또한 공부 리듬 중에 제일 오래 쓸 수 있는 '듣기'와 병행하기에 가장 어울리는 운동이다.

가능하면 귀에다 이어폰을 꽂고 다니는 것 보다는 매다는 스피커를 이용한다 던가, 집에서 왔다갔다 하면서 스피커를 연결하는 식으로 듣기와 병행하는 것이 몸에 좋다. 독자들이 잘 알다시피 이어폰은 청력을 손상시킨다. 차라리 헤드폰을 끼도록 하라.

가장 이상적인 방식은 바깥의 신선한 공기를 마시면서 하는 야외산책이다. 그러나 공부를 하다 머리 아프면 밖으로 나가 산책하고 공부를 하다가 또 조금 있다 산책하고 이런 식으로 공부와 산책을 왕복하는 것이 쉽지는 않다. 따라서 공부하다 짬짬이 쉴 겸 실내에서 할 수 있는 운동들은 다음과 같다.

추천 제1순위는 요가매트를 깔아놓고 그 위를 왕복해서 걷는 것이다. 요가매트를 깔면 굳은살도 방지해주는 효과가 있을 뿐 아니라 부드러운 탄력감이 좀 더 오래 걸을 수 있도록 해준다. 뿐만 아니라 아파트에서 문제가 되는 층간소음에서도 자유로워질 수 있다.

 걷는 것이 가장 훌륭한 운동인 것은 두 가지 측면에서 그러하다. 첫째 정말 지칠 때까지 아주 오랫동안 운동할 수 있다는 것이다. 과장하자면 눈만 뜰 정도의 에너지만으로 할 수 있는 가장 자연스러운 운동이 아닌가?

 둘째 일정한 리듬을 사용함으로써 몸의 상태를 좋게 만들어준다. 일정한 리듬이 중요한 것은 마치 우리가 음악을 즐길 수 밖에 없는 이유처럼 증명이 필요없는 자명한 이치이다. 일정한 리듬을 가지고 편안한 걸음으로 걷다 보면 많은 근심이 정리되고 마음은 어느 듯 평안해진다. 때로는 창의적이 생각이 솟구쳐 나오는 창조샘으로서의 역할도 해 낸다.

 상세하게 설명하자면 요가매트를 한 장 혹은 가능하다면 두세장을 길쭉하게 깔고 그 위를 팔자로 왔다갔다하자. 팔자라는 것은 한 번 왼쪽으로 돌면 다른 끝 쪽에서는 오른쪽으로 돌라는 것이다. 즉 골고루 몸의 모든 좌우 근육들을 교대로 공평하게 사용하라는 것이다. 눈에 힘을 풀고 듣기를 병행하면서 걷는 것이 좋다. 이와 같이 하면 눈도 충분한 휴식을 취하게 된다. 눈을 편하게 해주는 것도 충분한 장점이다.

① 교대로 앞발을
앞쪽으로 차준다.
② 20분 이상 살짝
땀날 때까지 하라.

이 외의 운동 중에서 가장 편한 것은 **교대로 발을 살짝 올려서 15도 올리는** 느낌으로 발차기를 하는 것이다. 가장 편하게 할 수 있고 20분정도 해야 살짝 땀이 나는데 운동근육이 별로 없든가 혹은 지쳤을 때 가볍게 하기 좋다.

다른 특집편에서 세밀하게 다루겠지만 침대에 앉아서 엉덩이를 걸친 상태에서 위의 발차기를 해주면 무릎의 앞쪽이 아픈 관절염을 치료하는 효과도 있다. 필자가 경험한 것이며 부디 독자들 중에서 무릎 앞쪽이 좋지 않은 경우에는 위의 체조로 실험해 보도록 하자. 피드백을 기대한다.

모듬발 뛰기는 어떤가? 물론 힘들다. 줄넘기 하는 식으로 제자리 점프를 반복적으로 하는 것이다. 당연한 이야기지만 줄넘기의 장점과 방안에서도 할 수 있다는 편안함이 장점이라면 쿵쿵 울릴 수도 있고 많이 힘들고 지겹다는 단점도 있다.

이런 지겨운 동작을 할 때 듣기의 힘은 말로 설명 못 할 정도이다.

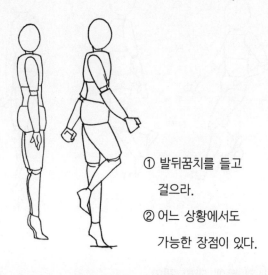

① 발뒤꿈치를 들고
　걸으라.
② 어느 상황에서도
　가능한 장점이 있다.

생활 속에서 가장 편하면서 따라 하기도 쉬운 추천 1순위가 무엇이냐고? 발뒤꿈치를 들고 걷도록 하라. 길을 걸을 때 마사이워킹슈즈를 신었다 생각하고 뒤꿈치를 지면에서 살짝 띄우고 걷도록 하라. 정말 쉽고 지겹지도 않으면서 운동량도 꽤 많은 추천1순위다.

주로 하체 운동 위주로 하도록 하라. 목표량은 하루 최소 4시간에서 최대 8시간이다. 아마도 듣기 없이는 채우기가 쉽지 않을 것이다. 그리고 이왕 듣기와 병행하려면 이 책의 수정판 특집 무조건 따라하는 외국어 공부법을 참조하여 제대로 공부와 운동을 병행해보자. 인생은 짧다. 최대한 효율적으로 균형잡힌 삶을, 지적인 삶을 살도록 하자.

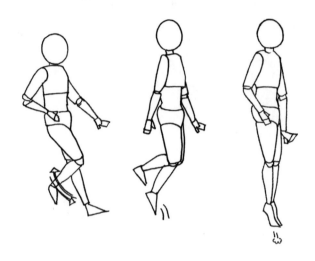

라. 마사지 등에 대한 제안

다리 운동을 하고도 예쁜 종아리를, 늘씬한 다리를 자랑하고 싶은가? 그렇다면 꼭 마시지도 병행하라.

사실 4시간의 운동은 결코 하기가 쉽지 않다. 맑은 머리로 공부하기 위해서 운동이 필수적이라고 말했는데 보통의 경우 운동은 항상 부족하기 마련이라는 것이다.

이를 보충하기 위한 마사지 등은 과연 어느 정도 효과가 있을 것인가? 분명히 머리와 멀리 떨어진 다리를 위주로 한 마사지라면 적지 않은 효과가 있을 것이라고 확신한다.

마사지는 위의 다리, 발 운동과 같이 병행할 경우 일거양득의 효과가 있다. 발부터 시작해서 허벅지 정도까지 쭉 마사지를 해 보아라. **뭉친 근육도 풀리고 손가락도 뻐근해진다.** 필자가 앞에서도 주장하듯이 머리에서 멀리 떨어진 발, 손의 운동은 공부에 큰 도움을 준다.

마사지는 근육을 풀어주는 효과도 좋다.

따라서 **날씬한 다리를 원한다면, 또 부족한 운동을 보충하기를 원한다면, 머리를 맑게 하려한다면 손가락운동을 통한 마사지를 뻬놓을 수는 없다.**

PART
❼

균형이 적용된
생활

각종 균형들을 어느 정도 이해하게 되었다면 실생활에 적용해 보자. '오늘 공부가 안 된다. 대처방법은?' 스스로 묻게 된다면 일단 좌우 균형을 살펴본다.

복습스트레스가 심해서 왼쪽이 더 자극받아 있으면 예습을, 예습스트레스가 심해서 오른쪽이 더 나와 있으면 복습위주로 한다. 수면이나 운동의 부족을 체크한다. 부족한 것을 채워주려고 노력한다. 그렇다. 별거 아니다.

보통 예복습의 균형 혹은 **좌우균형 -수면, 운동, 공부균형- 눈, 소리, 쓰기의 균형**의 순으로 체크하면서 부족한 부분을 메워주면 된다. 아주 쉽다. 그냥 균형을 계속 맞추어라. 자꾸 이렇게 맞추다 보면 개인별 특성이 있는 어느 정도의 균형 감각이 생기기 마련이다. **끊임없이 다양한 균형을 검색하고 맞추기 위해서 노력하라. 좌우가 교대로 자극 받도록 공부 스케줄을 짜라. 당신은 점점 건강해지고 점점 공부를 잘하게 될 것이다.**

공부 과목 중에서 특징이 잘 살아있는 대표성 있는 것들을 선정해 놓고 이용하면 편하다.

이를테면 예습스트레스를 가장 많이 주는 혹은 오른쪽을 가장 빨리 자극하는 과목은 수학이다. 복습스트레스를 많이 주는 혹은 왼쪽을 가장 많이 자극하는 과목은 암기과목이다. 듣기-말하기 리듬을 가장 잘 이용하는 과목은 영어다. 이런 식이다.

이런 큰 원칙 말고도 **끊임없이 자신이 해야만 하는 교재별 자극의 정도를 세밀하게 체크해놓아라.** 그리고 그러한 데이터베이스를 활용해보아라.

'예를 들어 화학을 공부하니 주로 나가서 놀고 싶어진다면 이는 예습스트레스가 심해서 오른쪽 자극이 크다는 이야기다. 그러니 복습스트레스를 많이 주는 혹은 왼쪽을 자극하는 과목중에서 어차피 해야 하는 생물을 해보자.' 이런 식이다.

즐겁게 살려면 약간 예습스트레스가 존재하는 혹은 오른

쪽이 튀어나오는 상태를 유지하는 편이 좋다. 즉 오른쪽에 대한 자극 즉 예습에 대한 자극정도가 왼쪽에 대한 자극보다 살짝 더 높도록 유지하라. 그러면 당신의 생활이 항상 즐겁고 힘차게 될 것이다. 너무 많은 예습자극은 바깥으로 튀쳐나가고 싶은 충동을 자극하므로 과도한 예습이 좋지 않다는 사실은 다시 한 번 지적한다.

필자가 주로 쓰는 하루 조치법을 예로 들어본다. '눈이 아프면 듣기리듬을 쓰고, 우울하면 예습을 하고, 너무 나가서 놀고 싶은데 마음이 진정되지 않으면 복습을 하고, 속이 꼬이면서 좋지 않으면 예습을 빠른 속도로 하고, 속이 쓰리면서 좋지 않으면 느린 예습을 한다.'

항상 균형을 생각하라. 당신의 하루가 평안하고 건강한 생활이 유지될 것이다.

전문화 시대라는 명분으로 일정한 리듬만을 강요당하는 직장인들이여 **직장에서 무슨 리듬을 쓰도록 강요당하는지 분석하고 그 부족한 부분을 보충하라.** 한결 하루가 개운해질 것이다.

하루 종일 집에 박혀서 집안일만 지루하게 하는 가정주부들이여 반복되는 **일상이 따분하고 계속 우울한가? 뭔가 새롭고 어려운 예습에 도전해보아라.** 좌에서 우로 자극점이 옮겨가면서 생활에 활력을 얻게 될 것이다.

카타르시스를
느끼는 것은 중요하다

보통 우리는 열심히 공부하고 열심히 놀라고 강조한다. 진정으로 집중해서 하루 동안 공부할 책 100페이지를 자신의 것으로 만들고 싶은가?

그러면 위의 운동·수면·공부의 균형, 좌우균형, 리듬간 균형 말고 제4의 요소인 카타르시스를 말하지 않을 수 없다. 여기서 필자가 말하는 카타르시스가 무엇이냐고? 감성적인 자극이요 영감이라고 표현할 수 있을 것이다.

고난을 성취한 위인들, 가슴 아픈 사연들, 잘 짜여진 플롯에 따른 흥미진진한 전개 때로는 극악의 잔인함이나 공포 등 우리는 취향에 따라서 영화를 관람하고 그 몰입도에 따라서 다양한 카타르시스를 경험한다.

이 벅찬 환희·몰입·감동, 입속이 타들어가는 긴장감 이런 것들이 우리를 순간적으로 얼마나 약하면서도 강한 존재로 만들 수 있는가?

필자는 공부를 할 때의 두뇌를 마치 운동할 때의 근육과

도 같다고 생각한다. 아무리 균형을 잘 맞추어도, 공부를 하고 '공부하기 위한' 운동을 하면서는 우리의 공부에 관여하는 두뇌부분은 완벽한 휴식을 취할 수 없다.

따라서 간혹 이 공부에 관해 완벽히 잊자. 어차피 우리에게 그냥 책상 앞에 앉아 있는 것만이 목표는 아니지 않는가? 최소 일주 한번은 진정 공부를 잊기 위해서 노력해보자.

영화도 좋고 소설도 좋다. 물론 필자는 **운동이 제1순위**라고 생각하지만 음악도 혹은 다른 어떤 취미라도 좋다.

단 하나 **추천하지 않는 것이 있는데 게임이 바로 그렇다.** 이 스트레스해소법은 공부방식의 가장 중요한 부분인 눈을 사용하는 리듬을 피로하도록 집중적으로 사용해버려서 귀중한 자원을 낭비한다. 게다가 공부할 때 꼭 필요한 이해력 암기력 등도 많은 부분을 갉아먹어버린다.

게임은 최악의 경우 즉 너무 스트레스가 심해서 도저히 다른 방법이 없을 때를 위한 **최후의 선택**이라는 점을 명심하자.

물론 이 책의 다른 부분에서는 간단하게 게임을 극복할 수 있는 요령도 나온다. 게임이 공부할 자원을 빼앗는 다면 진정 효율적인 공부는 오히려 게임할 자원을 빼앗을 수 있는 것이 당연하지 않겠는가?

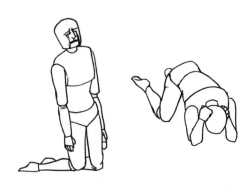

이외에 다른 카타르시스는 또 무엇이 있나? 예를 들어 성적인 자극, 사랑, 환희, 분노는 어떤가? 복수의 욕망은? 출세의 염원은 어떨까?

나는 경우에 따라 이러한 쾌감이나 감정들도 충분히 훌륭한 역할을 할 수 있다고 생각한다. 그러나 다른 사람에게 피해를 줄 수 있거나 자신을 망칠 수 있는 종류의 욕구라면 당연히 조심해야 할 것이다. 이런 한계선을 넘지 않는다는 조건 하에 독자들에게 하는 충고는 딱 하나다.

최대한 느낄 수 있는 카타르시스를 시원하게 느껴라. 그 순간만큼은 공부라는 것을 잊고 몰두하라. 그래야 다시 공부를 하려고 할 때 깨끗한 마음으로 시작할 수 있다.

'단위'는
무엇인가?

만약 독자가 어떤 책을 예습하는데 즉 처음 진도를 나가
는데 한참 나가다 보니 **슬슬 어려워지기 시작하고 제일 앞의
내용이 도저히 다시 떠오르지 않는 등 이상증세가 나타난다
면** 적정단위를 지나친 것이다.

이런 증세가 막 나타나려고 하는 순간을 우리는 단위라
부를 수 있다. 물론 하나 주의할 점이 있다. 엄청나게 적은 범
위인데도 이미 이런 상태라면 운동부족은 아닌지 교재가 자신
의 실력에 비해 너무 어렵지는 않은지 꼭 점검해보자.

필자에게 단위란 '**공부할 때 복습하는 구간**'을 말한다.
단위가 크면 반복시간이 오래 걸리므로 앞에 내용이 떠오르지
를 않으니 손해가 발생하지만 한 번 읽을 때 스피디하고 시원
한 느낌을 준다는 장점이 있다. 그러나 범위가 넓을수록 해당
범위의 주요사항들을 다 이해하고 암기하는 것이 더욱 어려워
진다.

단위가 작으면 바로 복습이 가능하므로 암기정도는 올라

가지만 답답해지고 전체진도의 속도가 느려진다는 단점이 있다. 또 기껏 외우고 이해해보았자 그 쉬운 정도에 비례해서 빨리 잊어버릴 수 있는 위험이 있다.

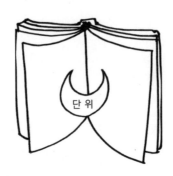

단 위

따라서 적당한 단위를 설정하며 공부를 한다는 것은 중요한 일이다. **눈으로 공부하기가 습관이 되어 있는 독자님들이라면 자신의 그 책에 대한 이해수준의 상태나 책의 난이도 등에 따라서 20페이지의 적은 범위부터 500페이지 책 전체까지를 단위로 잡아도 좋다.** 훈련된 학습자라면 단위가 얼마나 다양할 수 있는지 잘 알고 있기 때문이다.

학생들이 단위라는 체계를 만나는 경우는 보통 '시험범위'라는 것인데 이 시험범위라는 것이 초등학교에서 중등, 고등, 대학으로 가는 과정 속에서 **계속 커진다**는 것을 알고 있는가?

단위란 **'지루하지 않으면서 또 너무 잊혀지지 않는 수준에**

서 복습이 가능한 범위'로 좀 더 정밀하게 정의를 내려보자. 그리고 이 개념을 이용해서 과목별로 혹은 단원별로 자신의 수준에 맞게 단위를 만들어놓고 공부에 임하라.

학교에서 정해주는 인위적인 시험범위가 아니라 각자의 사정에 따라서 시험범위를 2,3개로 나누거나 또 2,3과목을 합치도록 해 보아라. 그러면 좀 더 신나면서 보람 있는 자신만의 공부를 할 수 있을 것이다.

또 다른 실전사례의 하나로 단어암기를 들어보자. 몇 단어씩 외우는 것이 효과적일까? 실력에 따라 타고 태어난 리듬에 따라 다르겠지만 필자의 경험에 비추어 리듬이 빠르고 암기력이 떨어지는 경우에는 10단어도 안되고 반대의 경우에는 30개 이상까지 가능한 경우도 있었다. 대략 기준은 15-20개 인 듯 하다.

점점 단위는 변한다.

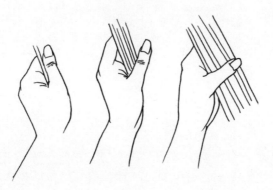

물론 학습 방법의 숙련도나 해당과목에서의 기본실력, 책의 난이도 등에 따라서 **단위란 계속 변하기 마련이라는 사실**도 결코 잊지 말자.

　일반적으로 처음 보는 책일수록, 어려운 부분일수록, 옆에 선생님이 있을수록 단위는 줄고 복습일수록, 쉬운 책일수록 단위는 늘기 마련이다. 호기심과 이해도를 고려해서 단위를 적당히 잘 조절해보자.

과목별 사례별
실전응용

가. 영어

영어는 크게 문법, 독해, 단어, 듣기, 말하기, 학교내신공부
영역으로 나누어 볼 수 있다.

(1) 문법

문법부터 살펴보자. 문법을 잘 하려면 어떻게 해야 하나?
일단 적절한 문법책 한권을 선택하자. 요즘 추세가 아주 어려
운 문법을 요하지 않으니 적절한 정도의 책을 선택한다. 문
법책이야 말로 다독을 가장 필요로 한다는 사실을 일단 명심
해야 한다. 문법책 한권을 선택한 이상 여러분은 그 책과 함
께 말 그대로 '**죽도록**' 같이 가야 한다.

수많은 독해를 하면서도, 듣기를 하면서도, 말하기를 하면
서도, 학교 내신준비를 하면서도 문법은 그 기본이고 골격이
다. 필요한 순간마다 필요한 문법이 떠올라야 한다.

독해를 빠른 속도로 하면서도 순간순간 이 문장의 특징과 시제를 파악해야 하고 앞뒤 상관구문을 연결해 보아야 하는데 이 모든 것들은 든든한 문법적 기초가 없으면 불가능하다.

순간순간 **빠른 속도로 빛의 속도로 필요한 것들을 떠 올리려면 엄청난 양의 복습이 필요하다는 것은 지극히 당연한 사실이다.**

그런데 또 간과하지 말아야 하는 사실은 복습할 양을 최소화하는 것도 중요하다는 사실이다. 문법문제 중에서 혹은 설명 중에서 중복되는 부분은 과감하게 하나만 남겨놓고 복습에서 제외하자. 줄을 치거나 반대로 엑스표로 필요없다는 표시 등을 함으로써 복습해야 할 분량 자체를 줄여야 한다. 분량이 줄수록 더 많은 진도를 더 빨리 더 많이 복습할 수 있지 않는가? 자신을 믿자. 수도 없이 복습한다면 굳이 비슷비슷한 문제를 여러 번 풀지 않고 단 한 문제만을 풀어도 충분하다는 사실을 말이다.

목표는 100번이다. 그러나 처음부터 100번 보고 시작할 수는 없으니 다른 것들을 하면서 짬짬이 계속 자신이 선택한 문법책을 복습해야 한다는 것이다. 그러니 함부로 중간에 책을 바꾸는 것은 상상할 수 없다. **문법을 잘 하려면 반드시 지켜야 할 것은 한 번 정한 책은 바꾸지 말라는 것이다.**

목표 100번

　　문법을 잘 끝내려면 '단위'의 개념도 잊지 말라. 보통 제대로 된 문제집은 그 분량이 상당하다.

　　이걸 무조건 끝까지 다 보고 복습하려면 그 정신적 부담이 클 뿐 아니라 다시 복습할 시에 저번에 읽은 내용이 아예 떠오르지 않을 만큼 오랜 시간이 지난 다음이라 복습의 의미가 크게 없어져 버린다.

　　따라서 중간 중간 단위를 끊어서 복습하라. 학교 시험범위를 기준으로 삼아도 좋지만 문법책의 분량을 3-4개 정도로 나누어 보아라.

　　분량이 정해지면 제1단위가 4-5회 정도 복습되면 서서히 그 다음 제2단위를 시작해도 좋다. 다시 제2단위가 4-5회 되면 다시 제3단위를 시작하자. **보통 4-5회 정도가 다독의 중요한 경계선이다. 4-5회를 넘기면 그다음부터는 틈틈이 복습해주기만 해도 알아서 실력이 느는 법이다.**

1, 2, 3단위가 그날, 그날의 컨디션이나 특정의 목표에 따라서 틈틈이 반복되는 사이에 당신의 영어문법 실력은 점차 상승하게 될 것이다.

요즘은 아예 문법이 중요하지 않다고 생각하는 분들이 많이 있다는 것을 알고 있다. 그러나 영어는 다른 나라 말이다. 아예 외국에서 몇 년 살 예정이 아니라면 문법의 중요성은 아무리 강조해도 지나치지 않은 것이다. 기초문법에 대하여는 어느 나라든지 학교에서도 필수적으로 가르치지 않는가?

이 책의 특집에서는 발음 등을 위주로 해당 외국어를 원어민과 똑같이 잘 할 수 있는 방법을 설명하고 있다. 만약 여러분이 그러한 방식을 잘 익힌다면 문법의 중요성은 많이 줄어든다. 그러나 당장 얼마 남지 않은 시험범위라든가 급한 경우에 혹은 새롭고 혁신적인 방법에 적응이 어려운 분들이라면 일단 이 단원대로 공부하면 된다. 장기적으로는 특집에 실린 방법이 효율적이고 완벽할 수 있는 유일한 방법이라고 생각하지만 말이다.

(2) 독해

독해는 어떻게 공부하는 것이 좋을까? 필자는 단어공부와 병행하는 것이 가장 효과적이라고 확신한다. 즉 새롭고 모르는 단어를 찾기 위해서 독해를 하고, 또 반대로 독해를 하면서 단어를 익숙하게 만들라는 것이다.

독해에 있어서 어떤 책이라도 완벽한 다독을 목표로 10번을 읽으려 할 필요는 없다. 오히려 웬만한 책은 2-3번 정도를 목표로 하는 것이 현실적이다. 단 익숙하게 만들고픈 좋은 책이 있다면 예외다.

예를 들어서 **문법책에 딸려있는 그 문법이 포함된 독해는 좋은 예이다. 내신공부에 필요한 부분도 예외다. 그런 부분은 여러 번 보아야 한다. 이왕이면 아예 외운다는 느낌으로 복습회수를 늘려 보아라.**

독해를 하다 보면 단어정리를 할 수 밖에 없는데 단어노트를 따로 준비한다. 단어 노트에 모르는 단어를 정리하되 순서는 한글 뜻 ➡ 영어단어 ➡ 예문의 순서로 한다.

간혹 단어와는 관계없이 문장 자체가 너무 좋거나 중요하다고 여겨진다면 그 문장을 단어 노트에 끼워 넣고 같이 복습해도 좋다. 실제로 가르치는 학생들 중에서는 제일 뒤에 따로 정리해 놓기도 하는데 이 정도는 선택의 문제라고 생각한다.

독해를 할 때 단어 정리 말고도 중요한 문제가 있는데 **속도 그리고 정확성**의 문제다. 보통 시험 볼 때 본인이 속도가 부족한지 정확성이 부족한지를 판단하라.

속도가 부족하다고 느끼는 학생이라면 공부하는 옆에 타임워치를 갖다 놓고 계속 시간을 체크하면서 독해를 해 보아라. 아예 알람을 해 놓으면 더 확실한 효과가 있지만 너무 놀랄 수 있거니와 옆에 있는 다른 친구들의 학습을 방해할 수 있으니 조심하자.

정확성이 부족하다고 판단이 된다면 옆에 해설지를 펼쳐놓고 한 문장 한 문장 자신이 독해한 내용이 올바른지 계속 비교하면서 진도를 나가보아라.

이런 학생들은 보통 빠른 리듬으로 대충 대충 느낌만으로 독해하면서 일단 무조건 앞으로 읽어 나가려는 경향이 있으니 단지 영어공부만을 생각하지 말고 근본적으로는 공부하는 자세도 바꾸어보자.

주로 이해하려는 욕구만 강해서 한 쪽 뇌만 쓰는 스타일일 수 있으니 여유 있게 왼쪽 손을 사용하는 습관을 기르거나 내키지 않더라도 입술을 움직이면서 읽거나 줄을 치고 줄친 부분을 틈틈이 한 번씩 더 보는 복습하는 훈련을 끊임없이 해 주어야 한다.

또한 다독의 의미를 정확히 다시 한 번 파악하는 것이 중요할 수도 있다. 즉 한 번에 읽어보아서 완벽하게 독해하는 것이 불가능하니 독해가 잘 되지 않는 부분에 살짝 줄을 치고 다음을 기약하는 것이다.

절대 '조급하게' 한 번에 이해하려고 하지 말자. '나눠서' 이해하라. 대략 3번 혹은 4번 혹은 여러 번 볼 책이라면 10번이라도 나누어서 언젠가는 '완벽하게' 독해하자는 목표를 설정하자.

시험을 볼 경우에는 이와 같은 회수식 점검은 더욱 위력을 발휘한다. 한 번에 답을 파악한 문제들은 일단 답을 표시하고 다시 복습하면서 아직 답이 없는 문제들만을 보아라. 이 문제들만을 다시 한 번 읽고 같은 과정을 계속 거치자. 이런 식으로 여러 번을 보면서 남은 시간을 점검하여 마지막 10여 분을 남겨놓고 일부 아직 풀지 못한 문제만을 남겨놓고 답을 다 옮겨 적은 후에 나머지 아직 답을 쓰지 못한 문제들을 풀면 된다.

시험 공부를 할 때 자신의 실력에 비해 과도하게 어려운 독해집을 선택하지는 않았는지 다시 한 번 점검해보자. 독해집은 **'약간'만 어려운 것을** 선택하자. 너무 어려우면 좌절감에 고생하게 되고 너무 쉬우면 얻는 게 없을 것이다.

이와 같이 **속도와 정확성에 관하여 골고루 신경 쓰면서 또 단어를 정리해가면서 진도를 나가다 보면 균형 잡힌 독해 실력을 얻을 수 있을 것이다.**

(3) 단어

단어 공부를 하는 데 있어서 가능하다면 시중에 나와 있는 단어장 혹은 vocabulary류 보다는 독해집을 이용하는 편을 권한다.

자신이 독해를 하면서 직접 어떻게 쓰이는지 예문에 관심을 가진다는 것은 정말 중요하다. 또한 복습을 할 때도 일정한 독해집에서 뽑았다면 독해를 복습하면서도 단어의 복습도 이중으로 행해진다는 부수효과가 있는 셈이다.

그런 의미에서 내용이 쭉 연결되는 영어소설도 여유 있는 방학 등의 경우에는 좋은 교재가 될 수 있다.

단어장에 정리할 때는 한글-영어 순으로 정리하고 뒤에는 간단한 예문도 꼭 잊지 말자. 예를 들자면 '아름다운 ➡ beautiful ➡ I love the ~ girl.'의 식으로 한 줄을 채우자. 우선 영어 ➡ 한글 순이 아니라 한글 ➡ 영어 순이다.

이런 순서로 외워야 강조점이 영어단어에 주어진다. 보통 퀴즈의 순서를 생각해보아라. '세계에서 가장 높은 산은?' 이라고 물어보면 우리는 '에베레스트산'이라고 대답하지 않는가? 강조점이 어디에 있는가? 당연히 뒤에 있는 산의 이름이다.

우리는 '한국말'을 공부하는 것이 아니라 '영어'를 공부하는 것이다. 따라서 한글 영어 순으로 암기하라. 설사 한국말 뜻을 순간순간 잊더라도 최소한 이러한 영어단어를 외웠다는 사실만은 기억날 것이다.

또한 뒤에 ~표시도 주목하라. ~표시는 왜 중요할까? 우리는 ~표시를 보면서 마음속으로 beautiful을 그려볼 수 밖에 없는데 이렇게 그려보게 만든다는 점이 중요하다. ~표시는 머릿속으로 beautiful을 떠올리도록 강제로 만들어 놓은 장치인 것이다.

따라서 **예문 쪽에 있는 단어는 원래의 단어가 아니라 ~표시로 대체해보자. 머릿속으로 단어의 모양을 복습하도록 구성해 놓자는 말이다.**

비싼	expensive
도덕	moral
⋮	⋮

위의 양식이 완성되었는가? 그렇다면 한 가지 과정을 추가하자.

듣기 공부를 따로 할 필요 없이 스마트폰에 있는 혹은 기타 IT기기에 있는 녹음기능을 켜서 위의 단어들을 적은 순서 그대로 하나씩 따로 녹음하라.

일부 앱들 예를 들어 andrdcorder 같은 것들은 바로 반복 기능과 리네임 기능을 제공하는데 리네임 기능을 이용하면 예문 전체까지 다 제목에 넣어놓을 수도 있다. 리네임을 하면서 계속 반복시키면 3-4번을 들으면서 복습할 수도 있으니 일석삼조의 효과라 할 수 있겠다.

단어노트복습을 할 때는 노트의 숫자가 늘면서 2배수나 3

배수 비율을 활용하라. 즉 처음에는 단어노트를 한 페이지 예습정리하면 복습도 한 쪽만 하다가 차차 노트 분량이 늘어나면 한 쪽 예습을 할 때 복습은 2쪽을 해보자.

그리고 다시 점차 예습 한쪽 당 3쪽, 4쪽으로 늘려야 한다는 것이다.

여기서 잠깐 그러면 나중에는 너무 어렵지 않느냐고? 결코 아니다.

여러 번 복습하다 보면 여러 번 보아서 자신 있는 부분이 생기게 될 텐데 그 부분에서는 자신 없는 단어들만 따로 체크해 놓고 이를 테면 세네 번에 두 번은 그 단어들만 복습하면 된다.

굳이 이제 자신 있는 단어들까지 복습할 필요는 없지 않는가? 중복되는 단어들을 다시 쓰는 경우가 있는데 그 사실을 깨달으면 둘 중 하나는 지워주도록 하라.

이렇게 정리하다 보면 단어노트가 쌓이기 시작한다. 상상해보아라. 얼마나 흐뭇한 광경일까? **단어를 그 때 그 때 외우면서 대충 넘어가지 말고 이런 식으로 체계 있게 정리하여라.**

자신만의 영어사전, 자신만의 단어장을 정리해보자. IT 기기나 컴퓨터 등에 정리하는 것도 좋다. 들고 다니면서 외울 수 있다면 무엇이나 상관없다.

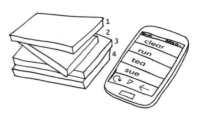

(4) 듣기

듣기 공부는 어느 정도 실력만 된다면 그 다음부터는 미드(미국드라마)만 봐도 해결이 된다. 그러면 그 전 단계에서 우리는 무엇을 해야만 하는가? 복습을 최우선시 하는 필자로서는 단어정리 및 녹음 하는 것을 다시 한 번 강조할 수 밖에 없다.

단어를 정리하고 뒤에 예문까지 녹음해 놓았다면 자주 자신이 녹음해 놓은 단어를 복습하라. 가장 최근 것부터 역순으로 지루할 때까지 3-4회씩 반복해서 듣고 다시 그 이전 단어로 넘어가도록 하라.

단어 공부도 할 겸 예문을 통해서 듣기 공부도 할 겸 이보다 편안한 공부가 어디에 있을까?

특히 눈이 아플 때 이 공부를 해 보아라. 대략 20-30분만 들어도 서서히 눈의 피로가 풀린다는 것을 느낄 수 있으리라. 더욱 효과를 확실히 하고 싶다면 걸으면서 해보자. 부족한 운동도 보충될 뿐 아니라 더욱 오랫동안 집중할 수 있다.

녹음할 때 주의사항은 자신이 본국인이 된 것처럼 정말 빠르게 녹음하라는 것이다. 자신의 실력과 정성을 다하여 빠르게 그리고 정확한 발음으로 녹음하라.

발음기호를 몰라서 사전보기가 겁난다고? 발음기호를 틈틈이 외우는 요령을 말해본다. 옆에 공부 잘 하는 학생이 있거나 발음이 들리도록 되어있는 전자사전을 놓고 하면 된다.

발음기호 중에서 알파벳만 보아도 무슨 발음인지 알 만한 a, b, d, h, k, l, m, n, o, r, s, t, v, z 등은 그냥 무시해도 좋다.

그런 것 말고 ɔ, w, ʌ, ŋ, ð, θ, ʃ, tʃ, ɑ, j, u 등을 위주로 자신이 모른다고 체크한 단어의 밑에 한자씩 써 놓고 옆에 설명을 붙여보자.

예를 들어 use 밑에 "ju-유"라고 쓰는 것이다. **해당 부분만 위주**로 쓰면 되는데 굳이 모든 단어의 모든 알파벳에 해당하는 발음을 다 쓸 필요는 없다.

beautiful	stone
ju	ou
유	오우

예를 들어 Christmas 밑에 krísməs를 다 쓸 필요는 전혀 없다. mas 밑에 a 발음에 자신이 없으면 'ə-어'이거 하나만 써 놓으면 된다.

우리말에는 아예 없는 발음기호도 있는데 이것은 어떻게 표현할까?

ɔ는 오어의 중간이니 오어라 쓰고 위에 중간표시 하나 입혀주면 된다. 마찬가지로 ʌ는 '아어의 중간', ŋ는 'ㅇ받침'이라 써놓고 ð는 'ㅅ과 ㄷ의 중간', θ는 'ㅆ과 ㄸ의 중간' 이런 식으로 표현해 보자.

ㄱ 오어 | ŋ ㅇ받침 | ð ㅅㄷ | θ ㅆㄸ

물론 이 표현이 100% 정확하지는 않지만 나름 설득력 있지 않나?

이런 식으로 정리하다 보면 어느 덧 모든 발음기호에 익숙해진다. 차차 한국말 설명을 생략하자. 실제로 가르쳐 본 경험에 의하면 **5-6일 동안 총 100여 단어 정도를 정리하다 보면 발음기호는 다 외워진다고 보면 된다.**

항상 자신이 없는 부분만 발음기호를 써야 한다는 사실을 다시 한 번 강조한다. 지식을 제대로 자신의 것으로 만들 때 가장 중요한 포인트는 '선별'이다. 모르는 것만을 최대한 골라서 복습해야만 복습회수가 늘 수 있고 집중력도 상승한다.

이제 여러분은 정확한 발음으로 녹음된 자신의 단어정리 및 예문을 계속 반복하기만 하면 된다. 그리고 어느 날 미드를 보면서 무언가 들린다는 느낌이 들기 시작한다.

이제 재미있는 미드를 보기만 하면 저절로 느는 자신의 듣기 실력에 만족하게 될 것이다. 듣기에 대한 자세한 설명은 이번 수정판의 특집인 외국어 따라하기 편을 참조하도록 하라. 10여명의 작업자와 같이 가장 효율적인 방법을 찾아 기술된 가장 현실적으로 완벽한 방법들이다.

10
실전영어

(5) 말하기

한 두 개의 새로운 특이한 표현들에 관심이 흐트러지면 좋지 않다. 예를 들어 try me, bite me 등의 회화표현을 배웠다고 몇 번 복습해왔던 지금까지의 교재를 버리는 식으로 계속 새로운 것을 찾아 헤메는 독자들이 많다.

공부는 복습위주여야 한다. **항상 중복되는 것을 복습하는 것이 최고다.** 이게 가장 중요한 신념이다. 뭔가 새로운 것만을 추구하는 것처럼 비효율적인 것은 정말 없다.

굳이 새로운 말하기를 찾으려 하지 말자. 외국인 목소리로 정확하게 녹음되어 있는 음성파일을 다운받아 귀에 익숙해질 때까지 듣고 또 들어라. 귀가 익숙해진 후에는 이제 입술로 따라해보라. 차차 입술이 동화되어 리듬에 익숙해진 후에는 속삭임으로 따라해보라. 그리고 마지막에 소리내어 따라해보라. 또한 최후에는 자신의 목소리로도 녹음해보라.

외국인의 목소리로 녹음된 원본이 없을 경우에는 최대한 원어민 흉내를 내어 단어 예문을 녹음해보자. 매번 더욱 정확하게 더욱 빠르게 녹음하려고 노력해보라.

원어민 발음을 흉내내려고 노력하고 또 정확히 빠르게 녹음하려고 하다보면 서서히 자신의 녹음이 원어민의 발음과 비슷해지는 것을 즐겁게 느낄 수 있을 것이다. 처음에는 듣기 거북하던 녹음된 자신의 목소리를 차차 자신 있게, 기분 좋게 듣게 될 것이다.

The fog melted away

　녹음할 때 예문은 너무 길어도 너무 짧아도 좋지 않다. 처음에는 4-5단어로 구성된, 짤막한 의미가 이루어지는 정도의 길이면 된다. 예를 들어 'The fog melted away' 이정도면 충분하지 않은가?

　이렇게 4-5단어 위주로 녹음하다 기초실력이 쌓였다 싶으면 간혹 욕심을 내 보아라. 명언이나 좋은 문장 아니면 아주 어려운 문장은 어떨까?

　단어까지 포함해서 가능한 한 10초가 넘지 않는 범위 내에서 빠른 속도로 녹음한 단어정리 파일을 들으면서 간혹 따라 해 보아라. **말하기 공부도 듣기 공부도 단어공부도 이것 하나만으로 해결해보아라.**

　원래 진리란 멀리 떨어져 있지 않은 법이다. **단지 처음에 정성스럽게 예문을 소리 내어 녹음하고 또 그 녹음된 예문을 따라서 말을 해보는 것만으로 우리의 말하기 실력은 늘게 되는 것이다.**

말하기의 끝은 어디일까? 듣기의 경우처럼 미드와 같은 역할을 하는 것이 있을까? 필자는 결코 돈을 들이면서 사교육을 받거나 외국어학연수를 권하지는 않을 것이다. 외국어학연수보다 효율적으로 실천할 수 있는 방법은 이 책의 특집을 참조하도록 하라. 비싼 비용과 많은 시간을 들이지 않고 꾸준히 같은 기간동안 특집에 따라서 훈련한다면 그 이상의 효과를 거둘 수 있을 것이다.

미드를 이용하는 간단한 방법도 다시 기술해 본다. 이용방법에는 몇 가지가 가능하다.

일단은 소리를 죽이고 한글자막만을 보면서 영어문장을 만들어 보거나 자막시간 조정을 통해서 **약간 일찍 나오는 자막을 보면서 미리 영작을 해보고 실제로 나오는 대사와 비교하는 법은 어떤가?**

하지만 실제로 어느 정도의 실력이 되면 자막을 아주 약간만 일찍 뜨도록 시간 조정을 함으로써 말하기는 훈련이 된다.

다시 말하지만 **공부란 어차피 중복이고 중복되는 것을 최대한 이용해야 효율적이 되는 법이다.** '녹음-미드'의 공부 라인은 영어에서는 핵심 중의 핵심이다.

간혹 모의고사를 보고 싶은가? 말하기의 모의고사를 치러보고 싶다면 일드나 한드는 어떤가? 일본 드라마나 한국 드라마를 이용해보라.

일드에 뜨는 한국어 자막을 영어로 바꾸어보아라. 한드를 보면서 주인공들이 말하는 대사를 영어로 바꾸어 보아라.

왜 드라마 말고 책은 안 되느냐고 물어보진 말아라. 당연히 책도 좋지만 '재미' 혹은 '흥미'도 중요하지 않은가? 시간에 쫓기는 느낌으로 자막을 보면서 계속적인 동시통역의 시험을 스스로 부과해보라. 넘치는 스릴을 느끼도록 하라. 필자는 단지 독자들이 더욱 재미있게 공부하기를 원할 뿐이다.

(6) 학교내신공부

중간고사나 기말고사 시험이 다가온다고 치자. 보통 영어 내신 문제 중에서 제일 어려운 것은 무엇인가? 사람에 따라서 어려운 영역이 틀리겠지만 대부분의 경우 **'빈칸 넣기'** 혹은 **'단어 순서 찾아 문장 만들기'** 정도가 제일 어렵지 않을까?

영어 '빈칸 넣기' 준비나 '단어 순서대로 정리해서 문장 만들기' 준비는 어떻게 하는 게 좋을까?

교과서나 참고서를 복사하라. 시험에 나올 가능성이 있는 단어에 화이트를 칠하라. 차차 개수를 늘리되 적당한 숫자가 되면 나머지 것은 저절로 해결되리라.

처음에는 한 줄에 한 단어 정도 위주로 쳐 보아라. 그러다 차차 복습하면서 나중에는 보통 한 줄에 2-3개 정도가 표준 아닐까?

s
The sweet [   ] of Auon.

이것 말고 즉 화이트로 지운 부분 말고 다른 부분이 나올

까봐 불안해하지는 말자. **적당량 중요한 것을 열심히 외우려고 하면 그 앞뒤의 단어나 문장들도 익숙해지기 마련이다.**

연도에서 마지막 숫자를 외우려 하면 앞에 부분이 외워지는 원리다. 굳이 이름붙이자면 **거점원리**로 명명하자.

적당한 숫자의 빈칸이 준비되었다면 시험점수는 이제 **복습회수**가 결정할 것이다. 수도 없이 복습 또 복습하라. 지겨워서 쓰러질 때까지 복습하라.

마지막 팁 하나만 추가해보자. 제일 처음에는 화이트로 칠한 블랭크 부분 위쪽에 첫 자모를 힌트로 써주다가 나중에 지워도 좋다.

i
There is a way [ ] the forest.

예를 들어 본다면 'There is a way in the forest.'에서 'in'이라는 전치사를 외워야 할 경우 일단 화이트로 'in'을 지운 후에 처음에는 위에 샤프로 살짝 'i'라고 써 놓았다가 자신이 생길 때 지워버리라는 것이다.

물론 내신공부의 최고봉은 수업시간에 집중하는 것임은 두 말할 여지가 없다. 선생님의 수업에 집중하고 무엇을 강조하시는 지 열심히 체크하자. 물론 여기도 요령이 아예 없는 것은 아니다.

첫째 책이 지저분해지기 전에 미리 복사를 해 놓아서 나중

에 화이트를 칠할 준비를 해 놓아라. 둘째 이미 자신이 잘 알고 있는 내용이라면 모든 것을 필기하려고 할 필요가 없이 모르고 있었던 내용에 집중해 보아라. 선생님이 불러주는 모든 내용을 다 필기하려고 할 때보다 선별해서 필기하려고 할수록 더욱 효과적이 되고 집중력도 상승된다.

또 피해야 할 것도 있다. 복습회수가 부족한 상태에서 자꾸 문제집만을 풀려고 하지 마라. 가능하다면 복습회수를 채우는데 최선을 다 하라.

문제는 차차 풀어봐도 좋다. 하지만 복습회수를 제대로 채우는 것은 훨씬 더 중요한 법이다. 그래야만 기초실력이 쌓이고 다음 시험에서는 더욱 나은 접근이 가능한 법이다.

문제는 비슷하거나 같은 유형이 나오지 않는 한 쓸모가 없지만 복습은 다용도로 어떤 문제가 나와도 쓰일 수 있다는 사실을 명심하자. 다시 말하지만 중복과 복습은 효율적인 공부의 기본이다.

도저히 복습이 하기 싫다면 근본적으로 정독스타일에 물든 것이다. 다독 스타일로 바꿀 수 있게 계속 노력하라.

나. 수학

수학을 잘 하고 싶은가? 다른 과목은 잘 하지만 특히 수학이 어렵다고 느끼는가? 물론 유전적으로 즉 선천적으로 숫자개념이 약한 분들을 겪어본 필자로서는 그런 분들을 모두 완벽하게 구제할 자신은 없다.

그러나 일반적으로 수학 못하는 사람들의 90% 이상이 다음의 방식만 따른다면 놀라운 수학실력을 가질 수 있다고 자신하는 바이다.

(1) 공식 · 기본개념

어느 수학책이던지 제일 처음에는 개념이나 기본공식 그리고 이런 것들을 이용하는 아주 기초적인 문제가 나오기 마련이다. 이런 부분을 나갈 때 우리는 일단 다독의 원리를 떠올려보자.

어떤 부분의 경우 기본개념인데도 정말 어렵게 느껴지는 점이 있을 수 있다. **한 번에 이해하려고 하지 마라. 한 번에 이해하려고 하면 그 과욕으로 인해 우리는 좌절하고 실망하고 심지어는 분노하게 되는 것이다.**

어려운 개념이 있을 때는 그 부분에 줄을 치던지 혹은 체크 표시를 하고 잠시만 기다려 보아라. '몇 번 더 보지' 생각하면서 편하게 넘어가 보아라. 단 중요한 부분을 줄 치고 손가락으로 가리키면서 세 번 정도 입술로 읽어보자. 도형이나 수식은 눈으로 보기만 해도 좋다. 즉 1:3의 규칙을 지켜라. 너무 어렵다고 느껴지면 1:5정도도 좋다.

즉 바로 넘어가지 말고 **아주 약간 더 쳐다 보아라. 왼손을 대고 마음속으로 2번, 3번 더 보아라. 좋다. 그러면 된 것이다.**

일단 넘어가라. 만약 뒤의 문제에 그 내용을 알아야 하는 부분이 또 나올까봐 걱정인가? 오히려 반대로 생각해보아라.

뒤의 문제를 통해서 그 부분을 반복함으로써 해당 공식이나 개념을 '한 번 더 외우게 되었다'고 말이다.

잘 모르면 어떤가? 편하게 마음먹고 외우면서 넘어가라. 계속 같은 내용이 나오면서 뭔지 이해는 되지 않지만 그 내용만은 머릿속에 저장될 것이다.

가능한 한 분노나 좌절이 쌓이도록 하지 말고 편안하게 자신을 믿어라.

"언젠가는, 언젠가는 완벽하게 외워진다. 언젠가는, 언젠가는 이해가 된다." 그렇게 믿고 넘어가자. 이 부분이 정말 중요하다. 이렇게 믿으려면 일단 믿고 계속 반복하면서 어느 순간 정말로 '이해되었다'라고 느끼는 경험이 중요하다.

한번이라도 이런 경험이 쌓이게 되면 그 다음부터는 믿어지는데 아예 이런 경험이 없는 경우 믿기가 어렵다.

따라서 처음에 이런 필자의 주장이 도저히 믿어지지 않는다면 스스로 최면을 걸어보자. '**열 번에 나누어서 이해하자**'라고 말이다.

전제조건이 필요하다. 최대한 모르는 부분을 축약해서 줄여놓고 그 부분만을 복습하라. 모든 문제를 복습하려 하지 말고 모르는 문제를 유형이 중복되지 않게 골라내어라. 그리고 다시 그 문제에서도 덧셈, 뺄셈 등의 단순 계산 부분이 아닌 정말 중요하고 어려운 부분만을 샤프로 살짝 줄치도록 하라. 그 부분만을 복습하라. 다른 부분은 쳐다보지도 말라.

사실 단순한 암기를 할 때는 나누어서 외운다는 것에 다들 익숙하지 않은가? 새로 전화번호를 바꾼 친구들은 자신의 휴대폰 번호를 외우려고 목숨을 걸진 않는다.

몇 번 확인하고 남에게 가르쳐주다 보면 얼마 지나지 않아 외워진다는 것은 너무 자명한 진리가 아닌가?

도대체 공식을 이해하는 데도 이와 같은 자세를 가지면 얼마 지나지 않아 이해되어진다는 것이 그리도 의심할 만한 것일까? '믿어라. 편하게 믿어보아라.'

"**먼저 외우고 나중에 이해한다**"는 개념을 아는 것도 중요하다. 어려운 부분을 여러 번 반복하다 보면 아직 이해는 되지 않았는데 암기부터 되어버리는 것이다.

이런 경험들에 기분 나빠하지 말라. 바로 이것이 먼저 외우고 나중에 이해한다는 것이다. 이런 경험들이 반복되면서 차차 이해와 암기는 그 선후가 중요하지 않다는 것을 깨닫게 되리라.

반드시 암기는 못해도 이해해야만 한다는 것은 정독을 옹호하는 편에서 만들어낸 허구이고 환상일 뿐이다. 당연히 근거없는 도그마일 뿐이다.

이해 ➡ 암기 (○)

암기 ➡ 이해 (○)

물론 대부분의 기본공식 개념들은 3-4번 정도 읽다보면 다 이해되기 마련이다. **위에서 말한 정말 어려운 개념들만은 포스트잇을 붙여놓고 반복하자. 포스트잇이 살짝 드러나도록 붙여놓고 여유 있는 자세로 간혹 다시 보는 것이다.** 이게 소위 써클1의 개념인데 뒤에 더 설명하자.

간단히 우리가 꼭 기억하고 지켜야 할 팁이 하나 있다면 **기본 개념과 공식들을 한 단원씩 하지 말고 좀 더 범위를 늘려서 2-3단원이나 3-4단원 정도로 해보라는 것이다.**

한 단원이 무척 길 경우나 공식이 많을 경우에는 알아서 조절해보자. 즉 단위를 적당한 크기로 조절해야만 다독할 때 효과가 최대화된다는 사실을 다시 한 번 강조한다.

(2) 중간문제

드디어 **기본개념과 공식을 어느 정도 이해한데다가 그것을 확인하는 정도의 기본문제를 풀었다면 이제 난이도 있는 문제를 풀 차례다.** 서서히 워밍업하는 기분으로 중간정도의 문제에 도전해보자. 앞에 써클1 즉 기본개념·공식을 복습하다가 2-3회 정도 되면서 슬슬 중간 문제들을 건드려보자.

기본 (3) ➡ 중간 (5) ➡ 어려운 (10)

원리는 마찬가지다. 그러나 이제는 기본 문제가 아니니 기존과 다른 점이 있다. 저 뒤에 있는 해답지를 확인해야 한다는 것이다.

많은 학생들이 정독의 도그마에 쩔어서 해답지는 반드시 아주아주 나중에 보아야 한다고 생각한다. 하지만 다독의 편에 서는 필자는 전혀 그렇게 생각하지 않는다.

해답지를 펼쳐놓고 풀어라. 항상 해답을 확인하여라. 한 번 풀고 말 거면 모르지만 어차피 여러 번 풀 예정이다.

게다가 해답지에도 줄을 치고 체크를 해 놓아라. 어려운 문제일수록 또 해답의 길이가 길면 길수록 우리는 더욱 이런 체크가 중요함을 잘 알고 있다.

여러 번 복습을 할 경우에는 대략 어디쯤 본인이 모르는 무엇이 있는지를 알게 되는데 이 때 줄이나 체크는 필요한 부분을 신속하게 찾는데 큰 효과가 있다.

단 지저분하게 만들지 마라. 형광펜도 가능하면 사용하지 말도록 하라. **샤프로 살짝 줄을 치거나 체크하라.**

너무 눈에 잘 띄는 형광펜 등으로 칠해 놓았을 경우 최초 칠하는 첫 번째만 효과가 있고 두 번째 부터는 오히려 눈을 현혹하여 공부하는 흐름을 끊어놓을 뿐이다.

너무 눈에 뜨이면 오히려 외워지지도 않는다. 왜냐고? **어디에 무엇이 있더라 하는 정도의 호기심이라도 들어야 하는데 그 기초적인 호기심조차 무시할 만큼 눈에 띄어서 그렇다.** 따라서 샤프를 사용하라.

샤프를 사용하는 또 다른 이유는 지울 수 있기 때문이다. 샤프와 지우개를 사용하여 수시로 중요도를 체크하고 별로 중요하지 않은 부분은 끊임없이 체크나 줄을 지우고 중요해 지는 부분은 줄이나 체크를 다시 하도록 하라.

우리의 지식체계는 끊임없이 변한다. 한 번 줄 치면 그만인 색연필이나 형광펜으로는 변덕스러운 우리의 지식체계의 변화 를 표현할 길이 없다는 것이다.

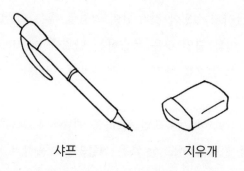

샤프   지우개

또 다른 이유도 있다. 수학은 그래프나 그림이 정말 중요한 과목이다. 그러나 대부분의 해답지들은 그림이 부족한 경우가 많다.

따라서 이럴 경우 직관적으로 그 문제의 풀이를 이해하는 데 큰 도움이 될 수 있는 그래프 등을 샤프로 그려 넣어라. **당연한 이야기지만 그림은 실수해서 다시 그려야 할 경우가 많고 따라서 볼펜이나 형광펜은 이런 점에서 낙제다.**

그림이나 그래프 뿐 아니라 중간 과정이 생략된 해설부분을 보면서 울분을 삼킨 경험은 누구에게나 있다. 이럴 경우 그 부족한 부분을 보충해서 집어넣도록 하라. '샤프를 이용해서'.

중간 문제의 복습목표는 6-7회 정도면 어떨까? 6번의 복습 동안에 나누어서 이해하려고 문제를 풀어보아라. 훨씬 편한 마음으로 문제를 대할 수 있을 것이다. 나머지는 기본 때 설명한 것과 대동소이하다. 나누어서 이해하고 심지어 먼저 외우고 나중에 이해되도록 하라.

자 지금까지 설명한 것이 난이도 중급 혹은 써클2다. 써클1,2 라고 이름 붙인 것은 복습하는 단위를 기준으로 삼아서 그 순서대로 번호를 매긴 것에 불과하다. 이러한 구별을 언제 쓰느냐고?

복습위주로 하고 싶으면 써클1을 예습위주로 공부하고 싶으면 예를 들어 난이도 상 혹은 써클3를 사용하라. **자신의 스케줄과 상태를 따져보아서 너무 복습을 많이 했**

으면 높은 번호의 뒤쪽 써클을, 반대로 너무 많은 예습을 했으면 번호가 낮은 앞쪽 써클을 복습하라.

그럼 예·복습의 균형이 맞추어 지면서 차분하지만 적당한 호기심으로 가득 찬 자신의 상태에 만족하게 될 것이다.

복습부족 ➡ 서클 1

(3) 어려운 문제

이제 정말 어려운 문제를 풀 차례다. 수능으로 치자면 4점짜리에 해당하고 웬만한 문제집으로 따지자면 C단계 혹은 서클3에 해당하는 것들이다.

이런 문제들을 집중적으로 모아서 풀어라. 많은 학생들이 이런 마지막 단계를 미리 포기한다. 아마도 자신은 도저히 이 마지막 단계를 마칠 자신이 없다는 이유일 것이다. 그러나 포기하지 말아야 할 이유가 있다.

첫째 문제집은 좋은 것으로 잘 골라서 1-2권만 풀 생각을 한다면 충분히 시간상 어려운 문제들을 건드릴 수 있다. 둘째 수학은 체계의 학문이라서 어려운 문제를 푼다고 쉬운 문제를 못 풀 가능성이 매우 낮은 학문이라는 점이다. 심지어 써클2는 아예 건너 뛰고 어려운 난이도 상급 즉 써클3만 풀어도 좋다.

따라서 우리는 어려운 문제단계를 포기할 이유가 없는 것이다. 물론 당장 다음 주에 시험이고 자신은 기초가 하나도 없는데 제일 어려운 문제까지 도달하는 것은 무리라는 예외적인 상황을 말하는 것은 아니다.

여하튼 **어려운 문제들을 골라서 일정한 단위로 만드는 것도 잊지 말자.** 무조건 한 단원 이런 식으로 하지 말고, 난이도와 개수를 기준으로 신중하게 선택하여 단위로 묶는 것은 정말 중요하다.

대략 3-4개 단원을 묶는 것이 나을 정도로 어려운 문제 수가 적은 문제집도 있고 오히려 1개 단원을 2-3개로 나누어 묶어야 할 정도로 어려운 문제 수가 많은 문제집도 있는 법이다.

따라서 '반드시 몇 개다'라고 말은 못하지만 적게는 20개 정도 내외에서 많게는 30개 정도의 사이가 되도록 자신의 현재 수준에 맞추어 잘 선택하여라.

여러 번 반복해서 이야기하지만 너무 적은 단위는 호기심과 보람을 떨어뜨리고 너무 큰 단위는 미리 포기하게 만들거나 복습의 효과를 없애 버릴 위험이 있다.

그리고 **이 어려운 부분들로 구성된 단위가 이게 바로 써클3 이다.**

어려운 문제로 이루어진 만큼 10번 이상의 복습을 상정하고 출발하자. **필자는 보통 13번 정도까지는 복습을 해야 '완벽함'이라는 느낌을 느끼곤 했다.** 독자들도 대략 열 번 이상 13번 정도를 목표로 해서 복습을 하라.

중간 중간에 불필요한 부분은 과감히 화이트로 지우거나 엑스표시를 하고 설명이 부족한 부분은 끊임없이 샤프로 보충해서 집어넣어라.

이해가 잘 되지 않는 부분을 나누어서 이해한다든가 이런 것들은 앞에 설명과 대동소이하다. **단 이번엔 써클3 이다! 10번 이상을 복습해야 한다는 말이다.**

처음에 써클3는 당연히 엄청난 예습이다 난이도도 높고 복습회수가 딸리니 당연하다. 따라서 **다른 과목 등을 이용해서 복습스트레스지수를 상승시킨 후에 예습하는 리듬의 필요성을 만들어서 써클3를 공부하자.** 예습할 리듬의 필요성은 영어의 반복 듣기나 써클1, 2의 복습 등 복습활동을 통해서 얻어진다.

써클 3는 계속 예습의 범주에 속할까? 아니다. **써클3 조차도 5-6회 정도 진행되면 이제 드디어 예·복습의 중간범주에 속하기 시작한다.** 즉 굳이 복습리듬을 사용해서 균형을 잡을 필요 없이 그냥 편하게 보아도 된다는 것이다.

그리고 대망의 10번이 넘으면 이제는 확실히 복습의 범주에 속하기까지 한다. 써클3의 중요성은 사실 10번을 넘으면서부터다.

독자분들이 이런 식으로 써클3를 13번 복습하게 된다면 이제 오히려 다음의 생각을 하게 된다. **'이 문제는 나밖에 못**

풀텐데'라고 말이다. 혹은 '제발 이 어려운 문제가 나와야 하는데'라든가 말이다.

그렇다. 축하한다! 당신은 시험을 보기도 전에 그 단위에 있어서만큼은 최고의 수준에 올라선 것이다. 우리는 이런 단계에 도달하기 위해 공부하는 것이다. 이것이 바로 '완벽함'을 추구하는 다독방식의 장점이 아니겠는가?

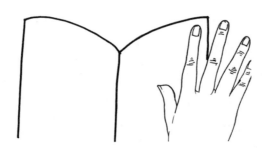

써클3에 너무 많은 신경을 쓰는 나머지 다른 부분들에 소홀해 진다면 이는 당연한 흐름이다. 써클3는 대부분의 써클1, 2를 포함한다. 게다가 당신은 포스트잇으로 1, 2단계의 어려운 부분들을 표시해 놓지 않았는가?

써클3를 하는 동안 틈틈이 포스트잇으로 표시되어있는 1,2 단계를 돌보도록 하라. 물론 어느 덧 자신이 생기면 그 해당 문제의 포스트잇을 제거해도 좋다.

당신은 완벽의 문턱에 서 있으니까!

(4) 응용력

많은 학생들이 자신의 응용력 없음에 한탄한다. 이런 진술들의 통계를 따져보니 어쩌면 필자는 스스로 응용력 있다는 학생을 본 기억이 거의 없을 정도다.

'참 우습다. 스스로 응용력 없도록 노력하는 자신의 처지를 모르면서 그냥 응용력이 없다니 말이다.'

'콩 심은데 콩 나고 팥 심은데 팥 나는 법이다.' 느릿느릿 정독위주로 공부하면서 응용력이 없다니!! 다독하라. 수도 없이 복습하라.

빠른 속도로 복습하다 보면 어떤 진실, 어떤 단어, 어떤 공식, 어떤 유형들이 머릿속에 빠른 속도로 들어가고 또 당연히 필요한 순간 빠른 속도로 튀어나오기 마련이다.

필자에게 응용력이란 단지 **'빠른 속도로 들어가고 빠른 속도로 튀어나올 수 있는 반복된 지식의 모임'**일 뿐이다. 느릿느릿 공식을 수도 없이 쓰면서

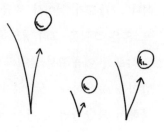

'나는 왜 응용력이 없지?' 라고 탓하는 수많은 학생들이여, 당신들은 스스로를 바보로 만들고 있다.

빠른 속도로 써클1, 2, 3을 특히, 3을 무한 반복한다면 대부분의 학생들은 자신이 놀랄 만큼 '응용력이 있다' 는 사실

에 경악하게 될 것이다. **따라서 불쌍한 부모님의 유전자를 탓하지 말고 공부 방식을 바꾸도록 하라.**

(5) 그림그리기

앞에서도 잠시 지적했다시피 수학에서는 수많은 그래프가 쓰인다. 그런데 어떤 학생들은 아주 병적으로 공식이나 수식만을 사용하면서 그래프나 그림을 기피하는 경향이 있다. 분명히 말하지만 **그래프나 그림으로 풀 수도 있는 문제라면 일단은 그래프나 그림으로 풀도록 하라.**

그림이나 그래프는 당연히 **수식이나 공식들 보다 훨씬 직관적이다.** 직관적인 것은 그렇지 못한 것에 비해서 빠른 속도를 수반하는 경우가 많다. 필자가 빠른 속도를 얼마나 중요시 여기는 지는 두말할 필요도 없다.

따라서 **그림이나 그래프로 풀 수 있다면, 중간과정에 그림이나 그래프가 있어서 조금이라도 더 편하다면, 반드시 그래프 혹은 그림을 그려 넣도록 하라.**

샤프를 이용해서 풀이과정을 보충할 경우에도 특히나 이런 방식은 유용하다. 끊임없이 그래프나 그림을 보충해 넣고 반복해서 복습하면서, 다시 또 조금씩 정정하면서 그림이나 그래프를 넣는 것을 즐기도록 하라.

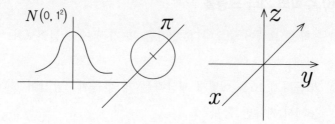

예를 하나 들어보자. 통계 공부를 하다보면 표준정규분포라는 것이 있다. 이 때 그래프를 그려 놓고 보면 Z 즉 표준정규분포 단위가 1, 2, 3 으로 나가는데 사실 이 숫자들은 바로 표준편차를 표준화 시킨 것에 불과하다. 원래는 1σ, 2σ, 3σ인데 확률변수를 표준정규분포의 형태 N(0,)로 고치면 1,2,3이 되는 것이다.

이 경우 어려운 문제만 아니라면 굳이 표준 형태로 변형시킬 필요도 없이 표준편차가 3이라 주어졌다면 3, 6, 9로 써 넣어도 금방 풀릴 수가 있다.

무엇하러 어렵게 계산을 해야만 하나? 그림만 이해하면 중간과정을 아예 풀지도 않고 답이 나올 수도 있는데 말이다.

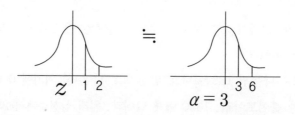

(6) 수학의 기타 요령들

수학은 요령이 중요하다. 연산을 몇 가지 예로 들어보자.

Q. 25곱하기 16을 어떻게 계산하는 게 좋을까? 암산이 불가능해서 써야만 할까?

A. 아니다. **25는 4를 곱하고 16은 4로 나눈 다음 계산해보자. 그럼 100 곱하기 4이니까 바로 400 계산이 나온다.**

Q. 72 곱하기 15, 45 곱하기 12는 어떤가?

A. 72는 2로 나눠서 36으로, 15는 2를 곱해서 30으로 바꾼 다음 곱해보자,

A. 45는 2를 곱해서 90으로, 12는 2로 나눠 6으로 변신시킨 다음 곱해보자.

얼마나 계산이 편해지는가?

$$25 \times 16 = (25 \times 4) \times (16 \div 4)$$
$$= 100 \times 4$$
$$72 \times 15 = 144 \times 30$$
$$45 \times 12 = 90 \times 6$$

Q. 276 곱하기 5를 해보자 계산이 어려운가? 2로 나누는 것은 어떤가?

A. **2로 나누면 138은 바로 암산으로 나온다. 거기에 0 하나만 붙여보아라.** 1380 이게 답이다. 원래 십진법에서 2와 5는 서로 보수 관계이니 이것을 이용한 것이다.

Q. 178 곱하기 5, 2160 나누기 5는 어떨까?

A. 178 나누기 2 하고 곱하기 10으로, 2160 곱하기 2 나누기 10으로 바꾸어 해보자. 다 암산이 가능하고 연산자체도 정확해진다.

$$276 \times 5 \ = 276 \div 2 \times 10$$
$$= 138 \times 10$$
$$178 \times 5 \ = 178 \div 2 \times 10$$
$$2160 \div 5 \ = 2160 \times 2 \div 10$$

Q. 1997 - 2183 은 어떤가?

A. **양쪽에 모두 3을 더해서 2000-2186 으로 고치면 바로 암산이 된다.**

Q. 1899 - 329, 1989-3264는 어떨까?

A. 양쪽에 101을 더해서 2000-430으로, 11을 더해서 2000-3275로 고쳐서 풀어보자.

어떤가? 수학이 이래도 그냥 어렵게 징징거리면서 풀어야 하는 지겨운 것인가? 이외에도 많이 있다. 독자들이 찾아보도록 하라.

(7)수학이 풀리지 않을 때 점검사항

수학이 엄청나게 풀리지 않을 경우가 있다. 흐름이 계속 끊긴다. 몇 문제 못 풀었는데 심지어는 단 한 문제인데 풀릴듯 하다가 풀리지 않는다. 과연 무엇이 문제일까?

수학은 모든 학문 중에서 가장 불규칙한 리듬을 사용한다. 아주 쉬운 덧셈인데 써야만 하는 초저속 스피드부터 순간적으로 어려운 공식 3~4개가 중복되는 어려운 부분을 동시에 떠 올려야 하는 초고속 스피드까지 여러 가지 리듬이 혼재하고 있다.

일단은 약간 빠른 속도로 눈으로 푸는 방식에 익숙해진 독자님들이라도 수학은 만만히 볼 상대가 아니다. 아주 빠른 리듬부터 약간 빠른 리듬까지 리듬의 변화가 가장 다이내믹하게 펼쳐진다.

이토록 어려운 수학이다. 일단 수면의 양을 체크해보자. 두뇌가 피곤할 때는 풀리지 않는다. 그 다음으로는 운동량이다. 적당한 운동량이 있어야 더욱 머리가 오래 장시간동안 제기능을 발휘한다. 셋째로는 예복습의 균형이 맞았는지 점검해보자.

수면이 부족할 경우에는 일단 잠시 낮잠이라도 자자. 운동이 부족할 경우에는 이 책에 있는 체조들을 포함해서 가벼운 운동을 해 보자. 예·복습의 균형이 맞지 않을 경우에는 복습과 예습의 정도를 살펴서 부족한 부분위주로 접근해보자. 구체적으로는 복습이 여러 번 된 것과 한두 번째인 예습 위주의 부분을 컨디션에 따라서 잘 선택해서 활용해보자.

수학은 얼마나 이 책을 잘 이해했는지 알 수 있는 가장 까다로운 분야다. 독자들의 건승을 빌어본다.

(8)수학 속도 올리기

수학 푸는 속도가 시원치 않은가? 10번 이상 복습하는 것이 불가능하다고 여겨지는가? 그렇다면 중요부분위주로 초점을 맞추라.

수학의 풀이과정은 중요하거나 어려운 부분과 단순계산 부분으로 나누어지기 마련이다. 단순계산 부분을 무시하라. 아예 없는 것으로 여기도록 하라.

혹시라도 계산실수로 틀릴까 두려운가? 10번 복습이면 한두 번만 다 풀어보는 정도면 된다. 그것도 중요부분이 다 복습이 된 다음에 시간에 여유가 있을 때 혹은 마음이 들뜨는 나머지 왠지 써보고 싶은 마음이 간절할 때면 좋다. 그러나 결코 10번에 2번 이상은 시간낭비다.

세상은 대가의 법칙이 지배한다. 무엇인가 희생해야 무엇인가를 얻는 법이다. 우리는 수학의 어렵고 중요한 부분을 이해해야만 한다. 그렇다면 그 대가로 우리는 쉽고 단순한 부분을 희생해야 하는 것이다.

그런데 이 단순한 부분은 말 그대로 정말 별 볼일 없는 부분일 뿐이다. 단순계산 부분을 쓰레기라고 여기도록 하라.

중요한 부분에는 살짝 줄을 쳐 놓도록 하라. 차차 완벽히 외워지면 그조차도 지우개로 지우면서 중요한 부분을 줄이도록 노력하라. 줄친 부분 위주로 복습하라. 그러면 점점 복습의 속도가 빨라질 것이다.

다. 암기과목

암기과목이란, 암기과목의 정의란 무엇인가? 필자에겐 어학과 수학이 아닌 것은 다 암기과목이다. 필자는 이 연구를 위해서 사회탐구과목을 공부하고, 과학을 수도 없이 공부하고 마침내는 일부 법률공부까지 해보았다.

(1) 역사

역사가 사회탐구 과목 가운데 가장 어렵다고 생각하기에 사회탐구의 대표로 역사를 다뤄보도록 하자. 역사공부를 할 때 그 백미는 무엇인가? 독자들의 대답은 수도 없이 다양할 것이다.

다들 아마 그럴 듯 하고 아름다움에 가득 찬 대답을 할 것이다. 하지만 필자는 의외로 간단하게 대답할 수 있다. **'연도 가지고 놀기'** 라고 생각한다.

필자는 중고등학교 시절 역사과목의 평균이 만점이었다. 그런데 별로 어렵지 않았다. 연도를 가지고 놀다보면 정말 쉬워진다.

예를 들어 313년에 우리나라는 미천왕의 낙랑 점령이 있었다. 독자들도 알 것이다. 호동왕자, 낙랑공주 그리고 자명고에 얽힌 그 슬픈 사랑의 이야기를 말이다. 그런데 한편 서양에서는 313년에 콘스탄티누스 대제가 크리스트교를 인정하는 밀라노칙령을 발표하는 해이기도 하다.

와 이것만 해도 대단하지 않는가? **동 시대에 동 년도에 지구 한편에서는 사랑과 이별 그리고 죽음의 전쟁의 서사시가, 또 다른 한편에서는 박해와 시련을 뚫고 일어서는 신흥종교의 극적인 부활의 서막이 펼쳐진다니 말이다.** 스스로 놀라고 가슴 아프고 아릿하지 않는가?

31☐ 동양 & 서양 | 201☐ 한국 & 미국

어차피 한 지역별로 또 이벤트 별로 이루어지는 역사의 흐름은 항상 책에 표시되어 있다. 우리는 굳이 원하지 않아도 고조선부터 조선까지의 흐름을 다 배우고 웬만큼 알고 있으며 이미 어렴풋이 알고 있는 이런 사실로는 좀처럼 감명조차 받을 길이 없다.

감명이 없는데, 호기심이 없는데 역사에 무슨 재미가 있으랴?
연도에 흥미를 붙여보라. 동시대 동 연도에 서양과 동양에서는 각각 무슨 일이 있었는지 관심을 가져 보아라. 간혹 어떤 사건의 정확히 백 년 전에는 무슨 일이 있었는지 혹은 천년 뒤에는 무슨 일이 있었는지 맞추어 보아라.

사실 역사에서 가장 다루기 어려운 연도인데 이렇게 흥미를 갖고 시작해보면 우리는 정말 새로운 재미있는 역사를 스스로 만들어가는 것이다.

독자들 중에서 숫자에 아주 흥미 없어하는 분들을 위해서
연도 쉽게 외우는 방법을 소개한다.

연도는 어떻게 외우는 것이 효율적인가? 끝자리수를 빈칸
으로 놓고 마지막 자리수를 중심으로 외워라. 예를 들어 강
화도조약 1876년이면 187~로 뒷 숫자를 비워놓은 보조문제
를 옆에 빈칸에 만들어놓고 외워라.

**마지막 숫자를 외우려다 보면 나머지는 금방 외워진다. 원
래 제일 외우기 어려운 것을 외우려 하면, 그에 따라서 나머지
부분이 자동적으로 외워지는데 필자는 이것을 '거점효과'라
고 부른다.**

연도 말고 다른 것도 가능하다. 사람 이름 또한 이런 식으
로 적용할 수도 있고 지명도 그렇고 반복되는 모든 단어들도
마찬가지다.

예를 들어서 어느 나라의 흥망성쇠에 있어서든 동양에서 태
(太)자가 들어가는 왕은 나라를 세운 왕이고, 무(武)자가 들어
가는 왕은 군사력을 바탕으로 나라를 넓힌 왕이며, 문(文)자가
들어간 왕은 문예를 부흥시킨 왕이고 이룰 성(成)자가 들어가
는 왕은 전성기의 마지막을 장식하는 왕이라는 사실을 알고
있는가?

文王 | 武王 | 成王

이런 왕의 이름은 중국과 우리나라의 수많은 왕조들에서
그대로 적용되고 있다. 이외에도 **많은 힌트들을 이용해서 공**

통점을 찾아보라. 역사란 그래서 재미있는 것이다. 수많은 힌트들 그리고 그것을 이어주는 공통적인 특징들 혹은 완전히 다르거나 특이한 특성들….

하지만 **기억하라! 연도가 가장 대표적인 것이고 만약 여러분이 연도를 정복한다면 게임은 끝이다.** 당신보다 더 박식한 역사가는 없을 것이다.

물론 필자가 말하는 것은 어디까지나 아마추어적인 그리고 시험을 잘 봐야 하는 수험생의 입장에서만 주장하는 것이다. **진정한 역사의 묘미를 깨닫고 궁구해가는 수많은 역사학도들을 폄훼할 생각은 추호도 없다.**

그 다음으로는 수많은 지도들을 외우도록 하라. 지도를 외우는 것은 의외로 쉽다.

지도 옆에 첫 자모를 써 놓고 외우면 된다. 예를 들어 '서울, 도쿄, 워싱턴'이 있는 지도 옆에 'ㅅ, ㄷ, ㅇ'이라 써 놓고 다독을 하면서 두 번 정도씩 더 확인하면 된다. 1:3의 비율 정도를 기준으로 첫자모힌트법을 사용한다면 당신은 모든 지도를 완벽하게 외울 수 있을 것이다.

연도를 외우고 지도를 외웠다면 이제 왕들의 업적 차례인가? **왕들의 업적 또한 첫자모힌트법을 사용하자.**

세종의 치적에 '한글창제, 아악정리, 측우기보급 및 설치, 대마도정벌' 등이 있다고 치자. 우리는 간혹 이런 것들을 모아서 옆에 여백에다가 'ㅎ, ㅇ, ㅊ, ㄷ'이라 써 놓고 그 답은 여러 차례 복습하면서 차차 그 밑이나 옆에 추가하면 된다. 답을 가릴 수 있는 위치에 놓도록 하고 1:3 비율정도로 답을 가렸다 봤다 하면서 계속 복습해 준다면 쉽게 외워질 것이다.

ㅎ	한글창제
ㅇ	아악정리
ㅊ	측우기 보급
ㄷ	대마도 정벌

참 사탐의 경우에도 단위를 조심해야 한다는 사실에는 변함이 없다. 시험범위가 너무 넓을 경우 한꺼번에 다 외우려고 한다면 낭패를 보기 쉽다.

이런 현상은 주로 중학교에서 고등학교로 올라서는 과정에서 뚜렷한데 고등학교에서는 시험범위가 갑자기 넓어지는 고로 그 범위를 2-3개 정도의 단위로 나누어서 복습하라.

수학을 할 때 주로 사용되는 써클1, 2, 3의 개념으로 복습을 해주는 것도 좋다.

일반복습과 써클복습의 차이는 써클로 나눌 경우 예습이나 복습정도에 따라서 또 난이도별로 필요한 균형을 맞추기가 편하다는 것이다.

예를 들어서 예습을 너무 많이 한 날은 복습위주로 공부하는 것이 균형에 도움이 되는데 복습이 많이 되어있는 데다가 난이도도 낮은 써클1을 사용하면 그 효과가 더욱 확실하다는 식이다.

단순한 일반 복습은 그런 동시적인 이용 없이 단순하게 일정부분을 10번 복습하면 그 다음으로 넘어가는 방식이다.

둘 중에 어느 것을 선택하느냐는 독자들의 몫이다. 굳이 장단점을 말하자면 **일반 복습은 편하고 단순하다. 대신 예복습의 균형이 깨지기가 쉽다.**

물론 써클식 복습은 그 반대이다. 자신만의 공부시간이 많고 정신적 여유가 있을 경우에는 써클식을 그렇지 못할 경우에는 일반식을 사용하라.

혹은 과목 특징이 수학에 가까울수록 즉 암기사항 못지않게 어렵고 이해할 사항이 많을 경우 또 난이도별로 구별이 쉬울 경우에는 써클식을 그렇지 못할 경우에는 일반식을 사용하라.

암기해야 할 사항이 또 남아 있는가? 위의 방식들을 응용해보자. 별다른 어려움 없이 많은 것들을 편안하고 쉽게 외울 수 있을 것이다. 역사 외에 다른 암기과목들도 다 이와 같은 범주에 속해 있다. 위의 내용을 참조해서 공부해보라. 암기과목은 정말 '껌'이다.

(2) 과학

　과학은 사실 암기과목과 수학과목의 중간이라고 생각한
다. 물론 영역별로 살펴보면 더욱 그렇다. 예를 들어 생물, 화
학은 암기과목에 가깝고 물리는 수학에 가까우며 지구과학
은 중간쯤에 해당이 된다.

　수학에 가까울수록 써클식 복습을 암기과목에 가까울수
록 일반식 복습을 준비하도록 하라. 원리는 대동소이하다.
다독할 생각으로 대하고 복습을 일반식으로 할지 써클식으
로 할지 신중하게 결정하라.

　**써클식으로 한다고 결정하면 기본개념파트, 중간단계문제,
어려운 문제의 순으로 파트를 구분하고 포스트잇이나 목차
를 복사해서 옆에 놓는 방식으로 써클 구분이 쉽도록 하라.**

　암기과목에 가까울 경우에는 단순한 일반 복습을 하면 된
다. 써클식은 가장 합리적이고 정교한 반면 그때그때 찾아서
공부하기가 쉽지 않을 수 있다.

　그러나 **예를 들어 물리파트 특히 힘과 운동, 빛의 굴절** 등
과 같이 혹은 **지구과학에서 천체궤도의 계산** 등의 부분과 같
이 수학에 가까운 부분이라면 어쩔 수 없이 써클식이 나을 수
있다.

그림을 암기하는 데는 첫 자모힌트법이 최고라는 것은 불변의 진리다. 따라서 도표 그림 등이 나오면 첫자모힌트법을 사용해서 꼭 외우도록 하라.

그리고 **어느 정도 자신이 생겼다면 한번 씩 연습장에 도표나 그림 등을 직접 그려보아라.**

생물에서의 광합성 과정을 나타내는 그림 등은 얼마나 좋은 경탄의 소재인가? 때로 자연의 아름다운 순환의 모습은 우리 보잘것없는 인간들에게 경외심만을 남겨놓을 뿐이다.

(3) 법률

법률은 어떤가? 그 특징은 암기과목과 비슷하다 할 것이다. 그런데 법률은 역사공부에서와 유사하게 중요한 숫자가 존재한다. 바로 법률조문에 대한 것이다.

모든 법률조문을 외울 수는 없으니 적당량 목표를 정하자. 예를 들어서 '헌법, 민법, 형법 이렇게 3개는 반드시 그 조항의 숫자까지 외우고야 말겠다' 라는 식이다. 다른 법률조항들은 외워지면 좋고 아니면 말고 식으로 편하게 생각하자.

ㅁ3 ~ ㅂ	法
ㅎ8 ~ ㅈ	

숫자를 외우는 요령은 역사와 비슷하다. 조항숫자의 제일 마지막을 가려서 옆에다가 보조문제를 만들어보자. 예를 들어 민법 제32조[비영리법인의 성립과 허가]라면 'ㅁ3~ㅂ' 헌법 제8조[정당]이라면 'ㅎ~ㅈ'이런 식이다.

이런 식으로 옆에다가 보조문제를 만들어 놓고 적당량 모이면 반복해 외우면서 진도를 나가보자.

나가는 방식에는 두 가지가 가능하다. **아예 이렇게 조문만을 독립된 써클로 보고 조문 써클을 따로 가동하는 방법과 이왕 나가면서 그때그때 한 번씩 보는 것이 그것이다.**
필자의 생각으로는 독립돼서 써클식으로 나가는 편이 좋다고 생각한다. 적당 조문의 숫자는 10-20개 정도인데 익숙한 정도에 따라서 조절하도록 하라.

법률을 공부할 때 또 중요한 것은 목차와 학설들이다. 다양한 목차와 학설들이 존재하는 바 이런 목차나 학설들의 명칭을 암기할 때도 첫자모힌트법을 사용하라.
즉 '구성요건, 위법성, 책임론, 미수론'일 경우 'ㄱ,ㅇ,ㅊ, ㅁ', '고의설, 책임설'의 경우 'ㄱ,ㅊ'이라 옆에다 써 놓고 외워보라. 정답은 틈틈이 여러 번 복습하면서 차차 채워 넣으면 된다.

단위의 중요성은 아무리 강조해도 지나치지 않다. 2000페이지짜리 민법책을 처음부터 끝까지 읽고 복습하면서 외우려면 백만 명에 하나의 머리가 필요하지 않을까?
따라서 **익숙한 정도에 따라서 가령 100페이지 기준 혹은 200페이지 기준으로 단위를 끊어서 복습하라. 적당한 단위는 복습효율성의 전제조건이다.** 물론 실력이 향상되면서 또 복습의 정도가 깊어지면서 이 단위는 점점 늘어날 것이다.

　노트로 정리해서 외우는 방식은 시간의 여유가 많을 경우에는 몰라도 비효율적이라고 생각한다. **일단은 과목별로 한 권을 수도 없이 반복해서 외우고 그 다음에 시간의 여유를 봐 가면서 기본서에 없는 내용들만 보충하는 식으로 노트정리를 하라.**

　여기서도 다독의 원리를 강조하는 것을 빼놓을 생각은 없다. **다독하라. 잘 이해가 되지 않는 부분은 가볍게 체크하고 1:3의 비율로 몇 번 더 복습하고 그냥 넘어가도록 하라.** 10번에 나누어 이해하거나 복습하면 되는 것이니 한 번에 다 외우려고 눈에 불을 켤 필요는 없는 것이다. 이게 바로 진정한 망각곡선의 원리다.

　순수하게 학문적으로 접근한 경험에 의한 것이니 독자가 다르게 체감하는 부분들에 대한 문제제기를 환영하는 바이다.

라. 기타 공부 실전편

(1) 공부시간 늘리기 - 예·복습과 리듬, 운동을 섞자

여러 번 말 했다시피 공부시간은 함부로 늘리려 하는 것이 아니다. 대부분의 사람들은 공부시간을 타고난다. 억지로 늘려봐야 소용이 없다. 억지로 늘리려 하면 스트레스로 인해서 오히려 효율성이 떨어져버릴 수도 있는 것이다.

그러나 이렇게 효율성을 떨어뜨리지 않으면서 진정한 공부시간을 늘리는 요령도 있는 법이다. 그 대표적인 것이 바로 예·복습을 섞는 것이다.

써클 방식이던 일반 방식이던 첫 번째 혹은 두 번째 진도를 나가게 될 때에는 당연히 그 진도 나가는 속도는 더디고 예습 스트레스로 인해서 오른 쪽만을 쓰게 된다. 따라서 이럴 경우에는 복습이 여러 번 되서 확실히 주로 왼쪽 뇌만을 자극할 또 하나의 진도를 섞어주자.

이렇게 예·복습을 섞어주면 공부시간이 살짝 늘어난다. 그리고 이렇게 섞어주면서 자신만의 황금비를 찾아보자. 이를테면 소화가 잘 안되면 예습을 늘려주고 나가서 놀고 싶으면 복습을 늘려보자.

진정한 공부시간을 늘리는 두 번째 비결은 리듬의 균형이다. 눈으로 보는 것이 당연히 가장 효율적이지만 어느 정도 쓰거나 읽고 듣는 것이 섞여져야만 눈이 쉴 수 있다는 사실을 명심하자.

적당히 리듬을 섞어주면 안 쓰던 리듬을 쓰는 것이라 공부

시간도 살짝 늘어나는 것이다. 특히 눈이 피로할 때는 듣기 리듬을 반드시 섞어주자. 가장 필수적인 부분이다.

이왕이면 살짝 눈물이 나오고 목 뒤쪽을 만졌을 때 뻐근하지 않을 정도까지는 듣기리듬을 사용하자. 목 뒤쪽은 눈이 과로했을 때 뻐근해지는 법이다. 그리고 피로상태에서 적당히 듣기를 통해서 쉬게 되면 살짝 눈물이 나오게 되면서 시원한 느낌이 들게 되는 것이다.

무조건 눈을 감고 있다고 눈이 쉬어지는 것이 아니다. 우리 신체 각 부분은 특정한 리듬과 두뇌활동에 연결되어있다. 따라서 눈만 감고 있다고 눈이 충분히 쉬어지는 것이 아니다. 오히려 듣기리듬을 사용해서 다른 리듬을 활성화함으로써 똑같이 눈을 감고 있어도 눈의 휴식의 강도가 틀려지는 것이다.

자신이 좋아하는 음악을 듣는 것도 좋지만 이왕이면 자신의 목소리로 녹음된 어학공부를 하는 것은 어떨까? 눈도 쉬면서 자신의 실력을 높일 수 있는 좋은 기회다. 필자는 매일 적어도 30분에서 한 시간 이상은 이 듣기 리듬을 꼭 사용하기를 권한다. 공부시간도 늘고 눈도 쉴 수 있으니 일석이조 아닌가?

가장 권장하는 또 하나의 방법은 운동을 섞어주는 것이다. 이 책에 나와 있는 각종 체조들의 대다수는 많은 공간이나 대단한 준비를 필요로 하지 않는 것들이다. 따라서 편한 마음으로 이러한 운동들을 섞어보자. 10분 운동하면 20분을 30분 운동하면 한 시간을 더 제대로 공부할 수 있을 것이다. 가장 장려하는 운동은 걷기이다.

PART
11

상황별
대처법

 두뇌는 신체와 마음을 지배하고 다시 공부방식과 운동은 두뇌에 영향을 미친다. 그렇다. 필자는 이러한 메커니즘을 믿고 있고 이 단원에서 그 실질적인 응용사례에 대해 말하고자 하는 것이다. 이 신념을 증명하기 위해 필자는 정말 수많은 반복된 실험을 하고 또 해 왔다.

 부디 독자들에게도 이러한 실험의 성과가 마찬가지로 나타나기를, 그래서 각자의 어려움이 조금이라도 해결되길 기대해 본다.

가. 우울증

 우울증은 우리 인류의 오랜 적이다. 수많은 귀중한 생명이 우울증으로 세상을 등졌기 때문이다. 생명에 귀천이 있는 것은 아니나, 학문적으로 훌륭한 성과를 이룬 사람들의 죽음은 더욱 아쉽다. 후대에 미칠 크고 작은 영향들이 우울증으로 인해

사라졌다고 생각하면 참으로 무서운 병이 아닐 수 없다.

우리에게 너무도 친숙한 수학자 파스칼을 아는가? 위대한 철학자이자 수학자이기도 했지만 그는 우울증을 앓았고 종교를 통해 우울증을 극복했다는 고백을 쓴 책이 있을 정도다. 그러나 오히려 그가 수학 연구를 통해서 우울증을 치료하지 않았을까하는 추측을 해본다.

독자들이여 우울한가? 미치도록 실연당한 상대가 보고 싶은가? 세상이 나를 조롱하며 한심하다고 쳐다보는 것을 매일 느끼는가?

우울증에는 다양한 원인이 있고 개개인의 치료가 달라야 할 것이다. 그러나 특히 공부를 하는 중에 겪게 되는 우울증이라면, 파스칼이 사용한 방식을 권해보고 싶다. 공부로 우울증을 해결하는 것이다.

주변에 보이는 가장 어려운 책을 찾아 집어 들어라. 그리고 아무 생각도 말고 미친 듯이 그 내용을 이해하는 데에 집중해보라. 물론 필자의 경우 그 대상 과목은 수학이었다. 한참을 그렇게 발버둥 치다 보면 예습스트레스가 쌓이고 그 부작용으로 인해서 오른쪽이 튀어나오기 시작하고 서서히 우울함의 그늘로부터 벗어나서 균형을 찾게 된다.

필자는 우울증이 상당 부분 예습을 통해 치료될 수 있다고 믿는다. 예습은 생활에 활력과 추진력을 가져다준다. 물론 지나칠 경우 가만히 앉아 있지 못할 정도로 온 몸에 열이 오른다는 문제점이 있기는 하지만 말이다.

필자의 침대 머리맡에는 항상 써클3에 해당되는, 직접 PDF로 작업한 어려운 수학문제들이 있다. 언제고 우울해지는 것 같은 때에는 바로 이 문제들을 읽기 시작하고 이런 방법으로 빠르면 20분, 늦으면 2시간 정도 만에 우울증에서 벗어난다. **이 프린트물들이 필자에게는 어찌 보면 항 우울제인 셈이다.**

물론 장기적인 관점으로 볼 경우 마음만 다스려서 될 것이 아니다. 신체 밸런스도 맞춰줘야 한다. 운동은 모든 정신과 의사들이 입을 모아 추천하는 최고의 우울증 치료제이다. 체력적 활동을 생활화 하자.

물론 만성적인 우울 증상으로 도저히 의사의 처방 없이는 견딜 수 없는 사람의 경우는 해당되지 않는다. 가벼운 우울증이 아니라고 생각되는 경우 병원에서 의학적 도움을 받는 것을 권한다.

나. 불면증

우울증과 불면증의 해결책은 근본적으로 그 접근 방식이 비슷하다고 볼 수 있다. 단지 운동이 더욱 필수적이라는 점과 굳이 눈을 많이 사용해서 예습을 해야 한다는 차이점이 있을 뿐이다.

이유 없는 불면증에 고생하는가? 그렇다면 다음과 같이 따라해 보라.

우선 운동을 꽤 많이 해야 한다. 굳이 밖에 나가서 옷을 다 차려입고 조깅을 할 필요도 없고, 장비를 갖춰 등산이나 축구를 할 필요도 없다. 어떤 사람들에게는 이런 준비 과정이 지나치게 번거롭고 비용이 많이 들어가는 문제들이다.

이 책에 기술된 각종 체조들을 해보라. 어깨 체조, 허리체조, 다리체조로 몸을 풀어주는 것이 좋다. 특히 집 안에서 걸어 다닐 때 뒤꿈치를 올리고 다니는 습관을 들이는 것도 좋다.

이제 좌우 균형을 살펴보아라. 즉 목의 어느 쪽이 더 튀어나와 있는지 확인해보아라. **주로 오른쪽이 튀어나와 있다면 그냥 자도 좋다.** 예습스트레스가 심한 상태에서는 개운하게 잠을 잘 수 있다.

그러나 아주 오른쪽이 튀어나와 있어서 심장이 벌렁거리는 느낌이 나고 들떠서 잠이 오지 않는 것이라면 자신이 잘 알고 있는 음악을 듣거나, 자신이 좋아하는 그래서 여러 번 본 책이나 영화를 감상하는 것은 어떤가?

눈이 아프면 듣는 위주가 좋고 눈의 상태가 좋으면 보는 활동이 좋다. 눈이 가장 쉽게 피로해지는 기관이니 눈의 상태를 척도로 보고 구체적인 두뇌활동을 결정하면 된다.

오른쪽이 자극받아 있는 상태 즉 예습스트레스가 심해서 오른쪽 목 부분이 아프거나 튀어나와 있다는 것은 복습이 부족하다는 것이다. 따라서 복습활동을 해서 왼쪽을 자극해서 자는 것이 수월해진다. 물론 따뜻한 우유를 마신다는 등의 이미 알려진 요법에 관해서는 다시 부언하지 않겠다.

사실 불면증과 우울증은 동시에 나타나기 쉬운 것으로 왼쪽이 많이 나온 경우의 불면증이 특히 그렇다. 복습스트레스가 심해서 **왼쪽이 많이 튀어나와 있을 경우 즉 같은 생각을 반복하거나 복습이 지나쳐서 불면증에 걸린 경우에는 그 해결책은 우울증과 같다.**

그냥 어려운 문제나 책을 통해서 오른쪽이 튀어나오도록만 하면 된다. 단지 졸리는 시간을 앞당기기 위해서 특히 눈을 많이 사용하는 예습을 하라. 필자는 이 경우에도 수학을 사용한다.

수학을 풀 때 눈을 사용하는 것을 몹시 싫어하는 분들은 별로 좋아하지 않겠지만 말이다. 이런 분들은 **자신이 관심있는 분야의 가장 어려운 책을 읽으면 된다.**

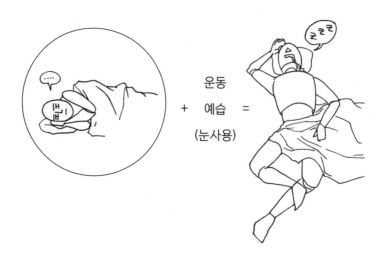

결론적으로 말해서 불면증은 좌 · 우뇌의 불균형과 운동부족이 원인이다. 운동을 하고 예 · 복습활동을 통해서 좌우의

균형을 잡아줌으로써 해결할 수 있는 것이다.

눈을 피곤하게 만들어서 잠을 청하는 방법은 장기적으로는 시력을 나쁘게 만들 수 있다. 따라서 당장 수면이 필수적인 경우가 아니라면 운동을 해서 몸이 피곤하도록 만들어서자는 것이 장기적으로는 가장 추천할만 하다.

다. 감기예방

환절기마다 감기에 걸리는 것이 고역인가? 그렇다면 3가지 균형들을 잘 맞추어 주어라. 수면, 운동, 공부의 균형, 좌우(예습. 복습)의 균형, 빠른 리듬과 느린 리듬의 균형을 말이다. **중요도는 위 기술한 순서대로이다.**

보통의 경우 감기는 수면이 부족하고 예습에 찌든 생활을 하며 빠른 리듬을 많이 사용할 때 걸리기 쉽다.

따라서 감기에 강한 신체를 가지고 싶다면 먼저 잠을 충분히 자고 그 다음으로는 좌우 예복습의 균형을 맞추려 노력하라.

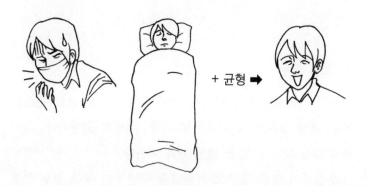

+ 균형 ➡

특히 너무 들떠있는 상태가 되지 않도록 조심하라. 오른쪽
이 너무 나오지 않도록 조심하고 **빠른 리듬 즉 눈만 쓰는 리
듬**을 적당히 줄이고 듣기리듬을 늘려보아라.

감기는 **빠른 리듬 혹은 예습의 리듬**과 관련이 깊기 때문이
다. 두 가지 균형이 다 맞추어져 있다면 어느 정도 안심해도
좋다. 당신은 감기예방주사를 맞은 셈이다.

어쩌다가는 수면 부족에 복습에 찌든 생활을 하면서 감기
에 걸리는 것도 간혹 가능하다. 이럴 경우 증상은 더욱 심한
데 몸살감기에 속조차 좋지 않아서 일어날 수도 없을 경우는
여기에 해당되는 경우이다. 무조건 감기에 걸렸다 라고만 생
각하지 말고 스트레스의 종류를 판별해서 균형을 찾아보자.

라. 소화불량(쓰릴 경우, 꼬일 경우)

소화불량으로 고통을 받는가? 다들 먹은 약간 상한 음식
을 먹고 오로지 본인만 식중독에 걸려 보았는가? 툭하면 위에
서 신트림이 올라오는가? 무슨 균형을 어떻게 맞추면 될까?

(1) 쓰릴 경우

일단 소화불량을 유발하는 균형 중에서 가장 중요한 것은
좌우 균형 그리고 그 다음으로 운동, 수면의 균형이다. 속이
좋지 않을 때는 복습을 많이 했을 때이다.

우울증이 많은 경우 소화불량을 수반하는 것은 결코 우연

이 아닌 것이다. 즉 복습스트레스로 인해서 왼쪽이 튀어나오는 경우가 많다.

따라서 우선 예습을 해 주어라. 소화불량에 가장 좋은 치료법은 예습이다. 어려운 책을 근처에 두도록 하라. 물론 책의 형태가 가장 좋지만 책으로 들고 다니기 불편하다면 가벼운 복사물의 형태로 포켓이나 지갑에 넣고 다녀도 좋다.

소화가 되지 않는 느낌이 시작되면 지체 없이 어려운 내용을 공부하면 된다. 도저히 눈으로 공부하기 어려운 환경이라면 엠피쓰리나 아이티기기 등에 녹음해서 들고 다녀도 좋다. 최대한 어려운 내용을 공부하면 된다.

쓰릴 경우에는 그 다음으로 주의할 점은 느린 리듬을 사용해 보라는 것이다. 약간 느린 리듬이 위험하지 않다. 예를 들어 단어듣기-녹음하기는 어떨까?

공부가 하기 싫다면 약간은 느린 속도의 음악을 듣거나 여유 있는 전개를 특징으로 하는 영화를 보도록 하라.

하지만 너무 느린 리듬을 추천하지는 않겠다. 원래 느린 리듬은 복습과 연결되기가 쉽다. 그리고 필자는 복습은 소화기의 활동을 저해한다고 믿고 있다.

위가
쓰리다.

그 다음으로 중요한 사항은 수면이다.

직장의 특징으로 인해 혹은 부모님의 잔소리로 인하여 수면시간이 부족하다면 짧은 시간동안 효율적으로 잘 수 있도록 노력하면 된다.

좌우 균형을 맞추고 틈틈이 충분한 운동을 해 준다면 수면 시간이 짧아져도 그 효율성이 극대화될 것이다. 따라서 균형을 맞추고 자라. 특히 빠른 리듬을 사용해서 공부할 경우에는 잠을 잘 때 더욱 숙면을 취하게 되어 수면의 질을 향상시킨다.

마지막으로 운동의 균형을 맞춰주어라.

운동할 시간이 없다고 불평할 필요가 없다. 가만히 앉아서 할 수 있는 수많은 운동이 있다. **이 때 가장 많이 권하는 것은 어깨체조이다. 가만히 앉아서 어깨를 양쪽으로 번갈아 돌려보아라.** 처음에는 몸통을 회전하는 그 어떤 근육도 없어서 고생할지 모르지만 점차 익숙해 질 때까지만 참고 계속 몸을 돌려보아라.

양쪽 손을 가볍게 마주 쥐고 몸을 의자에서 회전시키면 된다. 처음에는 어깨는 돌지 않고 손이나 팔만 돌아가기 쉽지만 열심히 하다보면 어깨도 돌아가기 시작할 것이다.

다행히 당신의 직장이나 환경이 일어서서 돌아다닐 수 있다면 정말 축복이다. **걸어 다닐 때 다른 사람들이 눈치 못 채도록 살짝 뒤꿈치를 들고 걷도록 하라.** 그러면 같은 시간을 걸어도 훨씬 큰 운동효과를 볼 것이다.

서 있어야만 하는가? 마찬가지다. 간혹 발뒤꿈치를 들고 버텨보도록 하라. 약간 더 키가 커 보이는 것 말고는 이상하게 여겨지지는 않을 것이다.

물론 가능하다면 자기 전에 허리체조까지 잊지 말도록 하라. 또한 도저히 운동시간이 맞춰지지 않거나 다리에 알배기는 것이 싫은 분들은 마사지를 열심히 해 주도록 하라.

위가 쓰리다 ➡ 예습 ➡ 느린리듬 ➡ 수면 ➡ 운동

(2) 꼬일 경우

보통 장이 좋지 않은 경우가 이 경우라고 생각한다. 필자의 얕은 의학적 지식은 누누이 강조하거니와 단지 필자는 공부나 기타 리듬에 관련된 부분만을 밝히는 것이고 정말 큰 병이나 유전적 결함을 밝히고자 하는 것이 결코 아님을 거듭 밝힌다.

여하튼 장이 좋지 않은 경우 특히 학생들의 경우 쓰기를 많이 하는 경우가 있다는 사실을 분명히 주지할 필요가 있다. 수많은 학생들을 반복해서 관찰한 결과 쓰기를 즐기는 학생들은 장염에 걸려서 병원에 가 본 경험이 놀랍도록 많다는 것이다.

느리게 글씨를 쓰는 습관으로 인하여 장염이 걸린 경우 그 느린 리듬으로 인해서 장이 좋지 않게 되는 것이므로 필자는 일단 좀 더 빠른 리듬을 사용해서 공부하기를 권한다.

필자의 전매특허인 다독을 권장

장이 꼬인다.

한다는 말이다. 빠른 리듬으로 공부하고 쓰는 것을 최소화
한다면 그보다 더 좋은 장염의 치료제는 없을 것이다. 공부습
관을 바꾸면 다시는 고생하지 않을 것이라는 말이다.

 공부가 싫다면 빠른 리듬의 음악을 듣거나 빠른 리듬의
액션영화를 보거나 빠른 리듬으로 춤을 춰도 좋다. 생활리듬
을 빠르게 바꾸도록 하여라.
 쓰릴 때와 중복되는 점은 복습위주의 생활을 하면 꼬임도
심해지므로 예습활동을 하라는 것이다. 예습활동은 어려운
문제를 풀거나 어려운 책을 읽으면 된다는 사실을 다시 한
번 밝힌다.
 즉 일단 빠른 리듬을 강조하고 그 다음으로 예습을 강조
하는 것이다. 물론 가능하다면 그 다음으로는 충분한 수면
과 운동의 균형을 맞추도록 하라.

장이 꼬인다 ➡ 빠른리듬 ➡ 예습 ➡ 운동 · 수면

마. 게임중독

 자식의 게임중독을 한탄해 마지않는 부모들이 많다. 심지
어 많은 학생들은 책을 사거나 급식을 사야 하는 용돈을 들
고 게임방에 출입한다. 게임중독은 사춘기 학생들이 반드시
빠져 들 수밖에 없는 필요악인가? 결코 그렇지 않다.

필자는 게임과 관련해서 재미있는 몇 가지 성질들을 발견했다. 우리 주변에서 흔히 볼 수 있는 공부 방법은 당연히 정독이다. 그런데 정독은 느린 리듬을 사용하는 경우가 많다.

일반적으로 사춘기의 빠른 리듬을 가진 혈기왕성한 청소년들을 상상해보라. 억지로 느릿느릿 원치도 않는 공부를 하는 학생들에게 게임의 유혹은 두 배 세 배로 달콤할 수밖에 없다.

게임은 그들에게 단지 공부이외의 것만이 아니다. 즉 공부가 싫어서 게임에 어쩔 수 없이 빠져 드는 것이 아니다. 어떤 학생들은 심지어 죄의식을 느껴가면서 게임을 할 수밖에 없다.

왜냐하면 게임은 정독을 할 수 밖에 없는 그들이 정말 원하는 '빠른 리듬'을 제공해 주기 때문이다. 앞에서 말한 바와 같이 리듬 간 균형의 입장에서 보면 20의 느린 리듬에 비해서 80%의 빠른 리듬이 필요한 법이다.

그렇다면 당연히 빠른 속도로 다독하면 이 문제는 저절로 해결되기 시작한다. 학생들이 정말 원하는 것이 **단순히 '공부 안하는 것'만이 아니라 '빠른 리듬'이라면** 다독은 게임이 제공해주는 바로 그 빠른 리듬을 제공해주기 때문이다.

게다가 복습, 예습의 비율도 문제이다. 정독에는 항상 예습 밖에는 존재하지 않는 경우가 많다. 기껏 많이 해야 2-3번 복습하는 정도인 정독시스템에서는 학생들은 항상 오른쪽만을 사용하기 쉽다. 특히 빠른 리듬을 가진 학생들은 더욱 그렇다.

즉 예습 위주로의 공부로 인하여 좌우균형이 맞추어지지 않는다는 말이다. 이런 학생들에게 필요한 것은 무엇인가? 그것은 당연히 복습이다.

게임은 복습인가? 그렇다. 게임은 반복적인 행동패턴이나 일정한 규칙의 반복이다. 그래서 학생들이 게임에 열광하는 것이다.

필자는 성공하는 게임물에는 예·복습의 황금비라는 것이 존재한다고 믿는 편이다. 무슨 이야기인가 하면 쉬워서 따라하기 좋은 전통성이 80% 정도에 뭔가 새롭고 이해하기가 어려운 부분이 20% 정도 포함된 게임이 대박이 난다는 것이다.

익숙한 인터페이스나 소재를 사용해서 따라 하기 쉽게 만들어진 부분과 기존의 게임들과는 다른 특이성이 8:2로 섞여 있는 게임이 성공한다는 것이다.

여하튼 게임은 전반적으로 복습에 가깝다. 예습에 찌든 학생들에게 게임은 균형을 추구하는 매개체가 되는 것이다. 그래서 다독시스템이 필요해지는 것이다.

물론 다독도 처음에는 예습일 수 있다. 그러나 어느 정도 복습이 진행되어진 중반이후가 되면 게임과 같아진다. 빠른 리듬의 복습과 약간씩 섞여있는 예습이 된다는 말이다.

따라서 다독이 어느 정도 다져지면 게임이 필요 없어진다. 학생들이 그토록 원하던 빠른 리듬과 복습의 성질을 제공해 주는 것이다.

게임중독을 예방하고 치료하고 싶은가? 학생들로 하여금 정독의 마수에서 벗어나 다독으로 오도록 설득하라.

바. 살빼기

독자 여러분도 이미 눈치 챘겠지만 이 책은 사실 몸짱을 만들기 위한 책이다.

첫째 끊임없는 각종 운동을 강조해서 건강에 필수적인 근육들을 기르도록 강조한다.

둘째는 두뇌의 균형을 유지하도록 이론적인 틀을 제공함으로써 불균형에 따른 스트레스성 폭식을 예방하는 탁월한 효과를 가지고 있다.

그렇다. 이 책은 공부와 균형을 위한 책이면서 동시에 그림

으로써 당신의 다이어트를 위한 기본서이다. 이제 당신이 할 일은 단 하나다. 운동을 더욱 열심히 하고 최대한 소(小)식 하라.

이 책을 정확히 이해하고 균형을 유지하는 한 살빼기의 가장 큰 복병인 스트레스를 막을 수 있고, 따라서 과잉식욕과 요요현상은 있을 수 없다.

필자 또한 이 책의 내용을 완성하면서 차차 살이 빠지기 시작했는데 한 때 85kg에 육박했던 체중이 지금은 72kg이다. 대략 4달 만에 그렇게 되었다. 약간씩 소식하려고 노력한 것 이외에는 단지 이 책에서 강조하는 운동을 열심히 하고 끊임없이 각종 균형을 유지한 결과이다.

몸에 좋지 않은 다이어트약도 필요 없고 무리해서 조금 먹은 후에 토해낼 필요도 없다. 이 책을 읽고 완벽해지도록 하라. 그 완벽함 속에는 당신이 그토록 그리워하던 몸짱에 대한 기원도 포함되어 있다.

마지막으로 부연하나만 하자. 정확히 필자에게는 '살빼기' 라는 용어는 잘못된 것이다. **몸을 완벽하게 만드는 과정에서 불필요한 살이 빠지는 것 뿐이다.**

살빼기는 완벽함을 추구하는 과정의 부산물에 불과하다는 것이다.

사. 눈이 침침할 때

눈이 아플 때 가장 좋은 치료법은 당연히 녹음한 것을 듣는 것이다. 그러나 아플 때도 물론 어느 정도 중요하지만 특히 눈이 침침할 때 아주 중요한 근본적인 또 다른 처방이 있다. 그것은 운동 특히 다리운동이다.

필자는 소위 녹내장이라고 볼 수 있는 증세를 겪어 본 적이 있다. 눈의 양 옆이 잘 보이지가 않았다. 어느 날 아침 일어나보니 시야가 일정 각도별로 뿌옇게 보이더니 어느 순간 보면 아예 아무것도 보이지 않게 되는 것이었다.

보통 사람들 같으면 놀라서 안과에 뛰어갔을 것이다. 그러나 순간 필자는 평소 때의 이론을 실험해보겠다는 어이없는 생각을 했고 열심히 다리 운동을 하기 시작했다. 무조건 뛰었다.

과장해서 **한 일주일 동안을 내 다리가 버틸 수 있는 한 계속 점프하거나 걷거나 혹은 앞발차기라도 했다.**

그 결과 위의 증상들은 서서히 없어졌고 일주일 쯤 후에는 다시 정상인 눈으로 돌아와 버렸다. 일반적인 사람들의 시선으로 보자면 필자는 미쳤거나 아니면 멍청한 것이다.

그러나 필자는 그만큼 정말 진지하고 열성적으로 스스로 만든 균형의 이론을 믿은 것뿐이다. 그리고 마침내 또 하나를 증명한 것이다.

그리고 이 날부터 더욱 연구와 실험에 박차를 가하여 두뇌와 운동 특히 하체운동과의 관계에 대하여 확신을 가지게 되었다.

물론 심각한 증상은 안과에서 정상적으로 치료받기를 권한다. 필자의 경우는 단지 '만용'일 수도 있었다.

아. 편두통

편두통은 이 책의 시작이고 또 끝이다. 고3때 필자를 그토록 괴롭혔던 이 괴물을 물리치기 위해 수십 년의 긴 여정을 견뎌내야만 했다.

때로는 두 배, 세 배의 극통을 견디면서 필자는 차차 편두통을 이겨낼 확신을 갖게 되었고 반복되는 시험 끝에 이제 통증에 대한 느낌마저 희미한 기억 속으로 사라져버렸다.

편두통을 겪고 있는 독자분들이여, 이 책의 기본 원리를 이해해보라. 단지 일주일 동안의 준비와 훈련이면 충분하다. 자신의 주변에서 가장 어렵고 힘든 책과 오히려 아주 쉬운 반복적인 느낌을 주는 행위나 책들을 분류하라.

오른쪽 편두통이 심할 경우에는 왼손을 사용해서 약간 천천히 진도를 나가고 굳이 이해하려고 하지 말고 나눠서 이해하는 느낌으로 책을 읽으라. 복습위주의 공부를 하라. 써클 1,2,3체제가 갖추어졌다면 써클1 중심의 학습을 하라.

듣기녹음하기가 준비되어 있다면 평소보다 복습회수를 늘려서 들어도 좋다. 복습하라. 오른쪽 편두통에는 그것이 최고의 명약이다.

왼쪽 편두통이 심할 경우에는 오히려 모르는 것을 더 알려고 덤비기만 하면 된다. 주변에서 가장 어려운 책을 한 번에 이해하려고 덤벼들어 보아라. 열심히 예습하라. 써클3를 더 **빠르게** 더 많이 이해하려고 노력하라.

위와 같은 훈련을 구상하고 또 수없이 통과하면서 필자는 이제 거의 편두통을 자유자재로 조절하게 되었다. **같은 활동을 하더라도 더 배우려 덤비면 오른쪽이, 굳이 의미를 배우려 하지 않고 습관적으로 따라만 하려 하면 왼쪽이 활성화된다는 원리도 알게 되었다.**

독자분들도 이러한 통제법을 익히도록 하라. 편두통은 이제 더 이상 난공불락의 요새가 아니다.

자. 전립선비대증(요실금)

필자는 순환기·소화기 계통을 튼튼하게 하기 위해서는 오른쪽이 활성화되는 것이 중요하다고 여기고 있다. 그러나 이렇게 오른쪽만 활성화시키는 것 즉 예습만을 가지고서 특정 질병이 치료되는 것은 어렵다.

물론 일단은 오른 쪽이 어느 정도 활성화되도록 반드시 생활 속에 예습을 섞어주자. 예습을 하면 오른쪽이 활성화되고 생활에 활력이 생기며 마음이 들뜨게 된다.

어느 정도 이러한 상태가 되도록 부족한 리듬을 챙겼다면 이제는 두 번째 필수 코스인 체조를 시작해보자.

필자의 생각에 전립선비대증이나 요실금은 비슷하다. 하지만 필자가 남자인 관계로 요실금 쪽은 이론의 정당성을 확인할 길이 없다. 따라서 이 부분은 독자들의 자발적인 실험과

피드백을 믿어보자. 여하튼 전립선비대증은 운동치료법이 병행되어야 한다.

편하게 누운 상태에서 다리만은 발이 엉덩이에 살짝 닿도록 오므려 보자. 즉 무릎만 위로 올라간 상태로 만들고 양쪽으로 날개 짓 하듯이 파닥거려보자. 무릎이 가운데로 모아졌다가 반대로 완전히 바깥쪽으로 펼쳐지도록 해 보자.

이런 식의 운동을 하면서 나름대로 번호를 외쳐보자. 필자는 보통 2번 움직이면서 숫자를 세는데 이렇게 2번을 몰아서 한 번에 100개 정도씩 차도록 번호를 붙여보자.

두뇌의 균형을 잡고 하루 100개씩 체조를 하면서 1-2주 정도가 지나면 차차 오줌줄기가 더 굵어지는 것을 느끼기 시작할 것이다.

이 체조를 처음 할 때는 살살하도록 하라. 이 체조에 쓰이는 근육은 보통 때 잘 사용되지 않는 근육이다. 이 근육운동이 활발하게 되면 이제 지하철에서 '쩍벌남'이라는 좋지 않은 오명을 씻게 될 것이다. 다리를 적당히 오므리도록 발달된 근육이 도와주는 것이다.

차. 축농증(비염)

공부하면서 코가 막히는 현상은 많은 학생들이 겪는 공부의 부작용중의 하나이다.

당연히 이 축농증 혹은 비염에도 그 원인이 있고 적절한 대처방식이 있다.

축농증은 눈으로 공부하다가 간혹 써야하는 경우에 자주 생기게 된다. 리듬으로 치자면 빠른 리듬과 느린 리듬이 섞였을 때 나타나는데 필자의 주장대로 빠른 리듬이 주요리듬으로 자리를 잡는다면 일어날 가능성이 별로 없다.

빠른 리듬 즉 눈으로 공부하는 리듬에 비해서 쓰는 리듬 즉 느린 리듬이 필요이상으로 차지할 경우 축농증이 일어나는 것이다. 참고로 쓰는 리듬이 더욱 늘어날 경우에는 장 등의 소화기관에서도 문제가 발생하기 시작한다.

따라서 비염이나 축농증이 괴롭힐 경우에는 최대한 쓰는 리듬 등의 불필요한 늦는 리듬을 줄이도록 하여라. 푹 자고 운동을 하라. 만약 한쪽만 계속 막히거나 할 경우에는 예복습의 균형원리를 이용하여 좌·우 균형 잡힌 자극을 주도록 하라. 즉 왼쪽이 막힐 경우에는 예습위주로 반대의 경우에는 복습위주로 공부메뉴를 정하도록 하라.

짤막하고
재미있는 이야기들

아마도 대부분 알리라 여기지만 몇 가지 간단한 팁들은 다음과 같다.

가. 소식하자

약간 **소식하라**. 그래야 머리가 맑아진다. 도저히 식탐을 누를 길이 없고 자발적인 소식이 어렵다면 좌우 균형의 특징을 이용해보라. 보통 오른쪽이 튀어나오면 식탐이 증가하고 왼쪽이 튀어나오면 감소하는데 이것을 이용할 수 있을 것이다.

현재보다 왼쪽이 약간 더 튀어나오도록 조종을 해 보라. 즉 복습의 분량을 살짝 늘려보라는 말이다. 대신 왼쪽을 너무 강조하면 우울증과 무기력증에 **빠질** 수 있는 위험함이 있다는 사실을 염두에 두고 과도하지 않도록 주의하라.

나. 새로운 교재

좀 다른 이야기도 해 보자. 위에서 필자는 심지어 수학도 눈으로 보면서 복습하는 편이 다독에 좋다고 주장했다. 그러나 우리는 여기서 시중에 나와 있는 많은 문제집들의 체계에 주목할 필요가 있다.

대다수의 문제집들은 영어, 수학 가리지 않고 **문제 따로 저 뒤에 해설지 따로**의 체계이다. 이럴 경우 눈으로 공부하기는 결코 쉽지 않다. 앞뒤로 왔다 갔다 해야 한다는 말이다.

개인적으로는 할 수 없이 피디에프로 변환 후 재편집하거나 일일이 오려붙여서 풀로 붙여가면서 이런 교재들을 재편성해서 사용해왔다. 부디 출판사에 부탁한다. 철든 아이들은 답안지 훔쳐보지 않는다.

따라서 해설지든 참고서건 적당히 너무 한눈에 보이지 않는 선에서 가능하면 **한 페이지 안에** 문제와 답을 다 넣어주기를 바란다. 왜 학생들을 믿지 못하는가?

71. $f(x) = \sum_{1}^{\infty} \Re(\cdots$	72. 다음 중 $\cdots$
71. 해설 $\cdots$	72. 해설 $\cdots$

이 책의 뒤에는 부록으로 저자가 직접 디자인한 문제집 샘플을 실어본다. 뜻있는 출판사와 연락이 되어 이 책의 실용시리즈로 출판되어지기를 바란다. 사실 이런 출판사를 기다리는 지루한 과정 속에서 필자는 용기를 내어 '눈으로 읽는 크로스 수학 기출문제집' 시리즈를 출판하게 되었다. 초기작이라

오타도 많고 고칠 그림도 있기는 하지만 필자가 주장하는 방식에 따르는 유일한 최초의 문제집이다. 독자들의 사랑과 양해를 부탁드린다.

다. 꼭꼭 씹어 먹기의 역설

필자만의 느낌일지도 모르지만 **'꼭꼭 씹어 먹어야 소화가 잘 된다'** 는 말은 **잘못 되었다**고 생각한다. 물론 위가 많이 망가진 케이스라면 이 말이 맞겠지만 일반적인 경우에는 오히려 의도와는 다르게 작용할 수도 있다.

그 구조는 대략 다음과 같다. 꼭꼭 씹어 먹다보면 우리를 지배하는 리듬이 빠른 리듬에서 느린 리듬으로 바뀌게 된다.

그러면 느린 리듬과 함께 그 리듬과 관련이 높은 왼쪽이 활성화되어서 오히려 소화를 방해하게 된다. 즉 위가 활발한 운동을 하지 못하도록 한다는 말이다.

위를 갉아먹는 것은 매운 음식에 대한 선호이지 빨리 먹어서 그렇지는 않을 수도 있다는 말이다. 독자 중에서 호기심 많은 분들은 한 번 실험해보시라. 굳이 빨리 먹어도 되는데 일부러 늦게 먹을 때 오히려 속이 거북해지지는 않는지 말이다.

라. 다리떨기

다리를 떠는 학생들을 보는 경우가 많다. 우리는 이렇게 말한다. '꼴 보기 싫으니 떨지 마.', '복달아난다' 라고 말이다.

필자의 생각에 **다리를 떤다는 것은 두뇌와 다리간의, 두뇌와 신체간의 균형을 맞추기 위한 우리 몸의 방어기제다.**

학생들은 거의 항상 운동이 부족하다. 두뇌로 피가 한번 몰리면, 그 이상상태를 돌이키고 균형을 잡을 방법이 없다. 그래서 우리 몸은 그 균형을 맞춰주기로 결심한다. 그 표현이 다리를 떠는 것이다.

따라서 다리를 떨 경우 다음과 같이 생각하라. '내가 운동 특히 다리 운동이 부족하구나. 얼른 운동을 해서 균형을 맞춰야지' 라고 말이다.

부족한 것은 운동만이 아니다. 일정한 리듬이 특히 빠른 리듬이 부족하다. 왜 젊은이들일수록 랩이나 힙합등의 빠른 음악에 열광하겠는가? 다리를 떠는 것은 운동 뿐 아니라 이와 같이 필요한 리듬의 부족을 메우기 위한 자기방어기제이기도 하다.

반대로 특히 다리떠는 것을 싫어하는 나이드신 분들게 혹은 친구들에게 물어보겠다. 왜 그리 다리 떠는 것에 민감하냐고 말이다. '복이 달아난다'고 그래서 친구를 위해서 아들이나 손자를 생각해서 충고하는 것이라고 생각하는가?

다리떨지마!

착각이다. 나이가 들수록 자신에게 부족한 빠르고 정열적인 리듬이 부족한 사람들이라면 쓰면서 느릿느릿 공부하면서 빠른 리듬에 목말라 있는 친구들이라면 빠른 리듬으로 다리를 떠는 모습은 무척이나 큰 영향을 미친다.

그것은 놀랍게도 '질투'다. 자신도 빠르게 무언가를 하고 싶은데 못하는데 따르는 질투일 뿐이다. 다리 떨어서 복달아 난다는 것은 이 질투에 기인한 말도 안되고 비합리적인 일방적 주장일 뿐이다.

공부할 때 특히 수학 등의 복합리듬이 쓰여지는 어려운 학문에서 다리를 떠는 것은 나쁘지 않다. 오히려 연필을 돌리는 것이 더 나쁘다. 손가락은 집중도를 높이기 위해서 책의 해당 부분을 가리키는데 쓰여야 한다. 연필돌리기가 아니라.

물론 연필돌리기를 왜 하게 되느냐고 물을 필요가 있겠는가? 다리를 떨지 못하게 하니까 어쩔 수 없이 차선책으로 선택한 방어기제일 뿐이다.

마. 공부시간은 타고난다

사람들은 저마다 적정한 공부시간을 타고 난다는 것이 필자의 주장이다. 고3이 되서 더욱 열심히 공부해야지 해 보았자 그 정도 긴장감 속에서 늘어나는 시간은 한정적일 뿐이다. 하루 엄청나게 열심히 하면 그 다음 며칠 내로 엄청나게 자든가 엄청나게 놀게 되고 마는 것이다.

최악의 경우에는 공부시간은 늘어났는데 그 품질이 너무 떨어진 나머지 진정으로 소화된 공부 량은 형편없어지고 마는 것이다.

따라서 공부시간을 늘리는데 포인트를 맞추지 말지어다. 오히려 공부시간이 매일 주어져 있다고 생각하고 그 최소의 시간이라도 선용하도록 최선을 다 하라.

이럴 경우 조심해야 할 점은 다음과 같다.

첫째 공부에 방해되는 무언가에 중독되어서 하루 최소한의 공부시간마저 날려버리면 안 된다. 최대의 공부시간이 정해져 있는 만큼 그 다음날에 영향을 주지 않으면서 최소한 공부할 시간도 정해져있다는 것이 필자의 생각이다. 그런데 이 시간마저 날려버리면 주어진 밥상을 차는 것과 다름이 없다. 따라서 최소한의 공부시간은 꼭 지키자.

둘째 양보다 질이 중요한데 그 포인트는 당연히 눈으로 보는 것이다. 질이 중요하다고 해서 공부분량을 줄이라는 것이 아니라는 것을 명심하자. 여기서 질 즉 품질이라는 것은 주어진 시간에 얼마나 많은 양을 올바르게 공부했냐는 것이다.

당연히 다독위주로 눈으로 공부하는 것이 분량도 늘고 품질도 높아진다는 사실에 주목하자.

바. 운동도 신경써보자 - 골프(야구) 잘하기

　공부만 신경쓰지 말고 최소한 하나의 운동 정도는 잘해보자. 필자는 나이도 있고 해서 골프를 했었다. 너무 비용이 많이 드는 관계로 실제로 필드에 나간 적은 거의 없었지만 머리를 많이 써야 한다는 특징이 아주 마음에 들었다.

　차차 모든 운동에 대하여 의견을 만들고 싶은데 독자들의 피드백을 기대하겠다. 수영, 테니스, 탁구 등 필자가 알고 있는 운동들부터 순서대로 정리하도록 하겠다.

　골프는 스윙이 중요하다. 둘째 골프는 리듬이 중요하다. 골퍼들은 누구나 아는 이 2가지 명제를 잘 이루기 위해서 필자는 다음의 2가지 포인트를 지적하고자 한다.

　우선 어깨운동을 하라. 어깨운동은 크게 두 가지다. 일단 좌우로 몸을 돌려주는 기본근육이 발달하지 않은 초보자들을 위한 기초운동이 있다.

　어깨넓이로 양발을 11자로 서서 어깨를 좌우 교대로 최대한 돌려주어라. 이왕이면 스윙 폼을 잡고 하는 것이 좋을 것이다. 이때 손목의 각도가 중요하다. 보통 초보자들일수록 손목 꺾기 - 소위 코킹을 하려고 손목을 고의로 꺾어버리는 경향이 있는데 이는 금기사항이다. 어깨를 돌리는 훈련을 하면서 코킹까지 강조하면 거의 오버스윙이 되어버리는 경향이 있는 것이다.

따라서 머릿속으로 지면과 평행이 되는 정도의 골프채를 상상하면서 운동방향 쪽으로 쭉 던져주도록 하라. 나중에라도 코킹은 추가하면 되지만 어깨돌리기가 완벽하지 않은 상태에서는 코킹부터 하지 않도록 조심하는 것은 필수다.

좌우로 쭉쭉 돌려주는 운동에 익숙해졌다면 이제는 허리를 어깨회전방향의 반대로 돌려주면서 회전운동을 하라. 어깨와 허리가 반대로 돌아가도록 할 수 있느냐가 초보와 중급이상자의 가장 큰 차이다.

연습장에서 내내 죽도록 공을 쳐봐야 이런 움직임은 익숙해지지 않는다. 프로들이 가장 답답해하는 아마추어 골퍼들의 미숙함은 대부분 단지 이러한 좌우회전근육이 발달하지 않았다는 점이 그 원인이다. 이 근육만 키우게 되면 이제 당신의 스윙은 마치 프로들의 스윙처럼 어깨가 힘차게 돌아가는 아름다운 스윙이 될 수 있다.

더욱이 이 회전운동이 가능하게 되면 그 다음부터는 정말 적은 공간에서 아무 때나 할 수 있는 훌륭한 제자리 운동이 된다. 이 운동은 또한 어깨 뒤 근육이 뭉쳐있을 때 이를 풀어주는 좋은 점이 있다. 따라서 설사 당신이 골퍼가 아니라 하더라도 이 운동은 필수다.

둘째는 리듬이다. 골프는 스윙의 일정한 템포가 매우 중요하다. 가령 스윙의 리듬에 5초가 걸리는 사람은 자연스럽게 항상 5초를 유지해야 일정한 거리와 방향성이 나온다는 것이다. 그런데 같은 폼이라 하더라도 어느 날은 4초 어느 날은 5초가 걸린다면 일정함에 문제가 생기고 따라서 거리와 방향이 들쭉날쭉하게 된다.

바로 이러한 리듬의 변화가 유명한 프로들도 슬럼프로 이끄는 요인이다.

이러한 리듬의 변화를 막고 싶다면 일단 음악 등을 통하여 일정한 리듬이 유지되도록 하라. 즉 4분의 3박자 왈츠를 들으면서 스윙을 조절한다면 항상 동일한 속도의 음악을 듣도록 신경 쓰도록 하라.

그러나 이것만 가지고는 부족하다. 좀 더 근본적으로 우리 몸은 부족한 리듬을 보충하려고 본능적으로 발버둥 치게 되어있다. 아무리 같은 음악을 들어도 왠지 리듬이 어긋날 경우가 있다고 느낀다면 이 공부법을 숙지하도록 하라. 눈으로 보고, 소리를 이용하고, 쓰는 등의 활동의 비율을 유지하도록 하라.

셋째는 좌우균형이다. 골프는 민감한 운동이라서 오른쪽 손이나 팔의 힘이 들어가는 정도와 왼쪽의 그것 사이에서의 미묘한 균형의 비틀림마저도 아주 큰 오차를 만들어내게 되어있다. 바로 이것이 예복습사이의 균형이 필수적인 이유이다.

즉 예습의 두뇌 - 앞에서도 말했다시피 상식과는 다르게 오른쪽 두뇌가 더 자극을 받았는지 혹은 그 반대인지에 따라서 당연히 좌우균형의 변화가 유발되어지는 것이다. 따라서 예습과 복습의 균형을 유지하도록 애쓰도록 하라. 예습에 해당되는 책과 복습에 해당되는 책을 가지고 다니면서 라운딩

이 있기 전에 적당한 균형이 잡힐 수 있도록 노력하라.

어깨운동과 일정한 리듬, 그리고 좌우균형이 잡혀있다면 예전에 당신을 괴롭히던 많은 문제들이 해결되어진다. 나날이 당신의 스윙은 더욱 아름다워질 것이고 항상 일정한 방향성과 거리를 자랑하게 될 것이다.

프로골퍼들에게도 이러한 방식을 적극 추천하는 바이다. 이유 없는 슬럼프란 없다. 죄 없는 코치나 골프채를 탓할 필요가 없다. 막연한 심리 상담에 의지할 필요도 없다. 여기 이 이론에 훌륭한 해답이 있다. 가능하다면 다음 버전에서는 더욱 자세한 골퍼들을 위한 단원을 다룰 수 있기를 바란다.

사. 시력보호

눈이 나빠지는 것 즉 시력이 나빠지는 것을 방지하기 위해서 우리는 무엇을 해야 할까? 이 책에서, 이 방식에서 가장 중요한 공부 방식은 눈을 사용하는 것이니 시력이 나빠지지 않도록 노력하는 것은 매우 중요하다.

첫째 안경 그것도 도수 높은 안경을 쓰는 것을 자제하자. 도수 높은 안경을 사용할 경우 눈은 계속 새로 맞추어진 안경에 따라서 길들여지고 더욱 나빠진다. 따라서 쉽사리 안경을 끼는 것 보다는 가능하면 끼지 않거나 도수가 낮은 안경을 사용하자.

물론 여기에 대가가 있다. 잘 보이지 않는다는 것 이외에도 쉽사리 눈이 피로해지게 된다. 심지어는 ㈜두통이 유발될 수도 있다. 그러나 그럴 가치가 있다. 너무 나쁜 시력은 많은 문제를 야기하니까.

둘째 듣기리듬을 많이 사용하자. 음악도 좋고 공부방식도 좋다. 듣기리듬을 사용하는 것을 즐기자. 그러면 그만큼 눈이 나빠지는 것을 막을 수 있다. 이왕이면 공부할 때도 듣기리듬을 많이 사용하자. 이 책에 나와 있는 핸드폰 등 IT기기를 이용한 방식도 잘 이용해보자.

셋째 눈도 결국 두뇌의 일부분이며 누차 이야기한 것처럼 발끝으로 피가 몰리도록 하면 눈이 편해진다. 따라서 운동을, 특히 발이나 다리가 포함된 그런 운동을 많이 하자. 그러면 눈이 쉴 수 있다.

넷째 TV시청 등을 할 때 가능하면 큰 화면을 멀리서 보도록 노력하자. 그러면 눈이 쉬 피로해지지 않고 시력도 잘 유지될 것이다. 물론 대형화면이 비싸다는 결점이 아프긴 하지만 말이다.

초판 후기

고작 100여 쪽의 글을 위해 일생을 걸었다. 필자는 단지 내 몸의 주인이 되고 싶었던 것뿐이다. 단지 오른쪽 편두통에서 벗어나는 방법을 알고 싶었던 것뿐이다.

우울할 때 벗어나는 법을, 진정되지 않는 흥분된 마음을 가라앉히는 방법을, 속이 더부룩할 때 해결하는 방법을 알고 싶었다. 약을 먹고 싶지 않았다. 왜냐고 묻는다면 그냥 **'귀찮아서, 혹은 오기로, 혹은 쓴 약 말고 해법이 있을 것 같아서'** 라고 밖에는 대답할 말이 없다.

하지만 생각해보면 정말 중요한 이유도 하나 있다. 생활습관이 바뀌지 않는 한, 위의 이상증세들은 계속 된다. **운전기사님들은 항상 속이 쓰릴 거고 수험생들은 항상 두통에 시달릴 것이고 주부들은 우울증에 시달릴 것이다.**

그 때마다 약을 먹고 수술을 받는다 한들 그게 무슨 진정한 근본적 치료인가? 난 그 미지의 영역에 감히 도전하고 싶었다. 무언가 더욱 근본적이고 체계적인, 그렇지만 아주 복잡하지 않은 공식 같은 것들이 있지 않을까 생각했던 것이다.

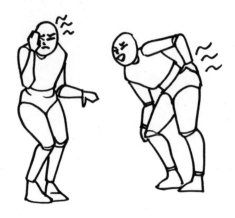

　운전기사가 속이 쓰린 이유는 가만히 앉아 있어서다. 그렇
다면 약 말고 다른 활동 예를 들어 운동이 해법이 아닐까?
그런데 어떤 운동이 가장 효율적으로 도움이 될까?
　**두통이 생기는 것의 원인이 공부라면 공부 방식을 과거와
다르게 바꿔보면 이젠 복통이 생기긴 하지만 두통은 치료되
진 않을까?** 우울증의 원인이 반복적인 일상이라면 해당 증상
의 치료약은 새로운 것에 대한 배움이 아닐까? 그저 나는 궁
금했을 뿐이다.

　이런 내 글들의 내용 하나하나를 증명하기 위해 나는 때로
몇 주간 그냥 책상 앞에 앉아서 무한정 느는 체중을 놀라움
에 차서 보기도 했다. 오해를 받으면서 다른 사람들의 목을
지문이 닳도록 만져보았다.

나는 더 연구하고 싶다. 아직 알고픈 게 너무 많다. '**두뇌는 신체를 상당부분 지배하고, 공부방법과 운동방식은 그런 두뇌를 상당부분 조절 한다**'

또 '**따라서 진정으로 좋은 공부 방법은 신체와 두뇌와의 관계를 고려해서 만들어지는 종합적인 생활체계이다**' 라는 이 위험하고 무모해 보이는 명제들은 앞으로 무한히 더 많은 연구를 필요로 할 것이다.

필자는 일생을 오로지 상식과 싸워온 셈이다. 아는가? 그 삐뚤어진 심성의 괴이한 매력을? '**올바른 자세가 정말 공부에 도움이 된다**'고 생각하는가? 웃기지 마라. 편한 자세로 공부하되 다양한 균형을 맞춰주는 편이 훨씬 실력과 몸에 좋다.

단지 균형 있는 운동을 통해서 그 결과 저절로 허리가 펴지고 어깨가 반듯해지는 것이다. 필자가 그랬다. 이제는 아무리 바르지 않은 자세를 취하려 해도 그게 오히려 안 된다. 우연히 상식이 맞는 것 같지만 사실 **선후관계가, 인과관계의 방향이 잘못되어있다.**

합리적인 이유 없는 상식이라면, 치열한 연구 없는 상식이라면 나는 마지막 순간 내 숨이 다 할 때까지 그것들을 거부하며 살고 싶다.

마지막으로 이 책의 완성에 함께 해준 J에게 진심으로 감사한다.

Ugly Kim

어글리 킴

이메일 : kimuijung7487@daum.net

에필로그

　고마운 그리고 정말 힘이 되는 많은 동료들을 만나고 그
들의 도움을 받아서 책을 내게 되면서 이 세상이 혼자의 힘만
으로 살아가고 외치기에 벅차지만, 옆에 서 주는 다른 사람의
도움을 받을 수만 있다면 외침과 주장에는 힘이 실리고 그렇
게 자신감이 더욱 커 나가 언젠가는 그 소원을 이루리라는 희
망을 알게 되었다.

　비록 금전적인 계약관계의 틀이 구속하고 있기는 하지만
그 분들의 도움은 분명 그 이상이었다. 후기를 쓰는 바로 2일
전에도 한 분을 만나 다음 특집으로 실리게 되는 '효율적인
암기과목 공부하기'(가제)를 실험해보았다. 얼마나 긴장했었는
지 또 얼마나 두려웠었는지 이루 말로 표현할 수조차 없었지
만 내내 태연한 척 설명을 드리고 차차 그 분이 그 내용을 이
해하고 받아들이는 과정을 지켜보면서 얼마나 기뻤던지 감히
말로 표현할 방법이 없었다.

　그저 너무 감사하고 또 감사했다. 필자와는 완전히 다른

'쓰기' 방식에 익숙해있던 분이었는데 어느 듯 이제는 하루에도 거의 쓰는 방식을 사용하지 않는단다. 그리고 눈과 입술로 귀로 공부한다는 것이다.

이제 그 분은 과거의 여러 가지 잘못된 공부방식 으로부터 탈출했을 뿐 아니라 자신의 건강과 미래의 희망까지도 바뀔 수 있으리라. 그 희망은 독자 여러분에게도 적용될 수 있다.

이 책의 내용을 잘 이해해 보시라. 굳이 학원에 갈 필요도 없다. 여러분의 가장 위대한 스승도, 가장 치열한 경쟁자도 바로 '자신'이다. 이 책의 출판과 더불어 필자는 카운슬링 서비스를 시작할 예정이다. 혹시라도 이해가 되지 않는 분들은 카운슬링 티켓을 구매해서 필자와 온라인상으로 혹은 음성으로 만날 수 있을 것이다. 그러나 이러한 서비스도 사실 여러분이 필요 없도록 만들어주기를 희망한다.

공부란 지식을 아는 것이고 지식이란 책을 통해 구현되어지는 것이기에 결국 공부란 여러분의 앞에 놓여있는 그 책 한 권을 외우고 이해하는 것, 그것이 전부다. 단 어학일 경우에는 듣고 말하는 법도 추가될 뿐이다.

공부란 이토록 쉬운 것이다. 단지 그 방식에 대한 체계적인 접근이 너무도 부족했었다. '망각곡선'이라는 너무도 잘 알려진 명제조차 이해하고 이용할 수 없었던 과거의 잘못된 공부방식을 잊도록 하라.

여러분이 이 책에서 배우는 방식은 최소 수 백년 전에 당연히 나왔어야 하는 '공부학'이라는 학문에 대한 주장이기도 하다. '교육학'이 아니라 '공부학'이다.

필자가 감히 그 첫발을 내딛었고 분명 많은 분들이 이 길을 따를 수 밖에 없을 것이다. 왜냐하면 과거의 어떤 방식보다도 효율적이고 균형 잡혀있고 건강에 도움이 되는 유일한, 심지어 대안도 없는 방식이기 때문이다.

우연히 이 방식을 발견한 필자를 도와주시길 부탁한다. 제대로 된 연구소가 필요하다. 수많은 피드백이 필요하다. 이 이론을 사랑하고 실천해주실 많은 분의 도움이 필요하다. 필자의 인격과 과거는 정말 보잘 것 없다. 혹시라도 이 책의 내용에 대한 이유있는 과학적 반론에는 귀를 기울이겠으나 졸렬하게 필자의 과거나 인격적인 공격이라면 백번 사절하겠다. 필자는 어차피 볼품없는 한심한 영혼일 뿐이다. 그러나 이 이론만은 위대하다. 당신이 결코 깔 볼 수 있는 수준이 아니다.

그리고 당신과, 당신의 자녀와, 당신의 후손과, 당신의 이웃이 언젠가는 이 책에 쓰여진 방식으로 공부를 할 미래를 그려보도록 하라. 반드시 그리되리라 확신한다.

Ugly Kim
어글리 킴

영어 교재 샘플 (예전 성문영어 발췌)

독해 교재 샘플

1. Don't speak when another is speaking. To do so is to commit one of the commonest and worst faults of manners.

   ⇨ 다른 사람이 이야기할 때는 이야기하지 말아라. 그렇게 하는 것은 _(다른 사람이 이야기할 때 이야기하는 것은) 예의범절 가운데서 가장 흔하고도 또 가장 나쁜 결점들 중에 하나를 저지르는 것이다.

   commit [kəmít] 범하다

2. To help a stranger find a street or a railway station, or to answer any questions that he may ask is not only polite but also kind.

   ⇨ 어떤 낯선 사람이 거리나 정거장을 찾는 것을 돕거나 혹은 그가 물을지도 모르는 어떤 질문에 대답하는 것은 예의 바를 뿐만 아니라 친절한 일이다.

   polite [pəláit] 예의 바른

3. The end of study is not to possess knowledge as a man possesses the coin in his purse, but to make knowledge a part of ourselves.

⇨ 공부의 목적은 사람이 자기 지갑 안에 돈을 소유하는식 것처럼 지식을 소유하는 것이 아니라, 지식을 우리 자신의 일부로 만드는 것이다.

possess [pəzés] 소유하다 | knowledge [nálidʒ / nɔ́l] 지식

4. Spring is a delightful season. Everyone longs to get outside and enjoy the new season. Many people find it hard to concentrate on their work, and Americans jokingly refer to this condition as "spring fever".

⇨ 봄은 즐거운 계절이다. 모든 사람이 다 밖에 나가 새로운 계절을 즐기기를 몹시 원한다. 많은 사람들이 자신들의 일에 전념하기가(집중하기가) 힘들다는 것을 알게 된다. 그리하여 미국인들은 농담삼아 이 상태를 "봄바람"이라고 부른다.

delightful [diláitfəl] 즐거운
concentrate [kánsəntrèit / kɔ́n-] 집중하다

5. If you are really to succeed in anything, you must make a good start. To get a right start, it is absolutely necessary to think over what to do first and what to do later.

⇨ 당신이 진정으로 어떤 일에나 성공하려거든, 출발이 좋아야만 한다. 올바른 출발을 하기 위해서는 무엇을 먼저 해야 하고, 또 무엇을 나중에 해야 할지를 곰곰이 생각하는 것이 절대적으로 필요하다.

absolutely [ǽbsəlúːtli, ´---] 절대적으로

6. The Earl of Kent told Cordelia about the unhappy condition of her father and Cordelia asked her husband to allow her to go to Britain with an army.

⇨ 켄트 백작은 코델리아에게 그 여자 아버지의 불행한 상태에 대해서 이야기했다. 그리하여 코델리아는 자기 남편에게 자기가 군대를 이끌고 영국에 가도록 허락해 줄 것을 부탁했다.

earl【영국】백작

7. Just as it is impossible to see the shape of a wood, when you are journeying through the middle of it, it is really impossible for us to see what our own age is like.

⇨ 숲 가운데를 여행할 때는 숲의 모양을 먼저 보는 것이 불가능한 것과 꼭 마찬가지로 우리가 우리 자신의 시대가 어떤지를 알기는 참으로 불가능하다.

8. The right to think, to speak our minds, and to publish our thoughts implies that we possess a certain amount of knowledge.

⇨ 생각하는 권리, 우리의 생각을 말하는 권리, 또 우리의 사상을 발표하는 권리는 우리들이 어느 정도의 지식을 소유하고 있다는 것을 의미한다.

publish [pΛbliʃ] 발표하다 | imply [implái] 의미하다

9. There are so many things to do and to see that it is hard to find time to write letters. Besides, I have to study very hard, because my courses are difficult and my English isn't very good yet.

⇨ 할 일과 볼 것들이 너무나 많아서 편지를 쓸 시간을 찾기가 힘들다. 그 외에도 나는 열심히 공부해야 한다. 나의 교과 과정이 어렵고, 또 내 영어가 아직은 그다지 좋지 못하기 때문이다.

10. In the year 1835 there was born in Scotland a poor little boy who was to become one of the world's great men. His name was Andrew Carnegie.

⇨ 1835년에 스코틀랜드에서, 장차 세계의 위인들 중의 한사람이 될 한 가난한 어린소년이 태어났다. 그의 이름은 앤드류 카아네기였다.

11. Even in prehistoric times men had a number of ways to communicate with one another. There was speech, and, as we know from the cave man's art, there were picture messages.

⇨ 심지어 선사 시대에도, 인간은 서로 통신할 수 있는 많은 방법들을 가지고 있었다. 언어가 있었고, 또 우리가 원시인 의 예술로부터 알 수 있는 것처럼 그림으로 하는 통신방 법이 있었다.

prehistoric, –ical [prì:histɔ́:rik, -tár- / -tɔ́r-], [−əl] 선사시대의

12. The most important thing to learn in life, is how to live. There is nothing men are so anxious to keep as life, and nothing they take so little pains to keep well.

⇨ 인생에서 배워야 할 가장 중요한 것은, 어떻게 사느냐 하 는 것이다. 인생만큼 그렇게 우리가 간직하고자 열망하는 것도 없으면서, 또 그것들을 잘 간직하기 위해 그렇게 애 를 쓰지 않는 것도 없다.

anxious [ǽŋkʃəs] 걱정하여

13. With so much to read, and so little time and opportunity in which to read it, the simplest and wisest thing we can do is to choose the best books to read.

⇨ 읽을 것은 그렇게도 많고, (반면에) 그것을 읽을 시간과 기회는 그렇게도 적은 탓으로, 우리들이 할 수 있는 가장 손쉽고 또 현명한 일은 우리들이 읽을 만한 가장 좋은 책들을 선택하는 것이다.

14. I was like an animal or a peasant, deprived of his familiar surroundings. I wrote desperate letters to my parents, but they thought it wise to ignore my appeals to be taken back home.

⇨ 나는 낯익은 환경을 빼앗긴 짐승이나 혹은 농부와 같았다. 나는 부모님에게 간절한 편지를 썼다. 그러나 그들은 집으로 돌려보내 달라는 나의 애원을 무시하는 게 현명하다고 생각했다.

peasant [pézənt] 농부 | deprive [dipráiv] ~에게서 빼앗다
be deprived of ~을 빼앗기다

문법교재 샘플

1) Fill in each blank with a suitable word:

가) My only wish is ____live in peace.

   (1) in peace = peacefully = 평화롭게 [전치사+추상
명사=부사구], to live는 명사적 용법의 부정사로
주격보어

   (가) 나의 유일한 소망은 평화롭게 사는 것이다.

나) ____ err is human, to forgive divine.

   (1) err[ə́:r] 잘못(실수)하다→error[érər] 실수/
divine[diváin] 신의, 신성한/ To err, to forgive
는 명사적 용법의 부정사로 주어/ to forgive (is)
divine

   (가) 잘못은 인지상사요, 용서는 신의 본성이다.

다) Don't seek ____ be great, but try to be good.

   (1) seek to부정사=~하려고 애쓰다 (=try to부정사)

   (가) 위대해지려고 애쓰지 말고 선량해지려고 애써라.

라) It is not easy ____ finish the work in a week.

   (1) It은 가주어, to finish가 진주어

   (가) 그 일을 일주일 이내에 끝마치기는 쉽지 않다.

마) You will find it difficult ___read the novel.

    (1) it은 가목적어, to read가 진목적어

        (가) 너는 그 소설을 읽는 게 어렵다는 것을 알게 될
            것이다.

바) I don't know ___to do next.

    (1) 의문사 what+부정사 to do, what to do=무엇을
        해야 할지 (=what I should do)

        (가) 나는 다음에 무엇을 해야 할지 모르겠다.

사) I had no idea ___one to choose.

    (1) 의문사 which one+부정사 to choose, which
        one to choose=which one I should choose (=
        어느 것을 골라야 할지를) [여기 which는 의문 형
        용사임]/ have no idea of~=of 이하를 전혀 모르
        다. [of 다음에 의문사가 오는 경우에는 대부분 of
        가 생략됨]

        (가) 나는 어느 것을 골라야 할지 전혀 몰랐다.

아) She tried not ___weep at the sad news.

    (1) weep[wíːp] 울다

    (2) 부정사를 부정할 때는 반드시 부정사 바로 앞에
        부정어 not나 never를 사용한다.

        (가) 그녀는 그 슬픈 소식을 듣고 울지 않으려고 애썼다.

자) He told me ___work harder.

　(1) told+목적어 me+to work, work harder=더 열심히 일하다[직접화법] He said to me, "Work harder."

　(가) 그는 나에게 더 열심히 일하라고 말했다.

차) I asked him ___help me with the work.

　(1) ask+목적어+to부정사=…에게 ~을 부탁하다/ help+사람+with ~=누가 ~하는 것을 돕다

　(가) 나는 그에게 내가 그 일을 하는 것을 도와달라고 부탁했다.

카) He promised me __ be here at ten o'clock.

　(1) promised+목적어+to부정사=…에게 ~을 약속하다

　(가) 그는 나에게 열시에 여기에 오겠다고 약속했다.

타) Tell me how ___do it.

　(1) 의문사 how+to부정사/ how to do it (=how I should do it)은 명사구로 tell의 직접목적어

　(가) 나에게 그것을 하는 방법을 말해주십시오.

파) She thought it unwise ___make him angry.

  (1) it은 가목적어, to make가 진목적어 unwise[ʌnwáiz]
어리석은

    (가) 그녀는 그를 화나게 하는 것은 어리석은 일이
라고 생각했다.

하) I make it a rule ___take a walk every morning.

  (1) take a walk=산책하다/ it은 가목적어, to take a
walk는 진목적어

    (가) 나는 매일 아침 산책하는 것을 규칙으로 하고
있다.

거) The most important thing in life is never ___
have too much of anything.

  (1) important[impɔ́:rtənt] 중요한→impotance

    (가) 인생에서 가장 중요한 것은 결코 어떤 것이든
지나치게 많이 갖지 않는 것이다.

너) The rumor turned out _____ be false.

  (1) rumor{英:rumour['ru:mər]} 소문, 풍문/false[fɔ́:ls]
거짓의, 틀린

    (가) 그 소문은 거짓으로 판명되었다. 〈그 소문은
알고보니 거짓이었다.〉

더) I cannot afford _____ buy a car.

(1) afford to~=(보통 can과 함께 써서)~할 여유[금전,
시간, 힘 등]가 있다. ~할 수 있다[관용표현]

I cannot afford to buy that expensive car.

(나는 그런 비싼 차를 살 여유가 없습니다.)

Can you afford to lend me some money?

(돈 좀 꿔 줄 여유가 있습니까?)

(가) 나는 자동차를 살 여유가 없다.

2) Correct the errors in the following:

가) She says to make every effort.

(1) make every effort=온갖 노력을 다하다 (make
an effort=make efforts=힘쓰다, 노력하다)say=
목적어로 부정사를 취하지 않음. [미국식 회화체에
서는 사용하는 경우도 있음]

《참고》

She said that she would be late.(O)

그녀는 늦을 것이라고 말했다.

She said to be late.(X)

〈정답〉

She says(that) she will make every effort.

(그녀는 온갖 노력을 닿겠다고 말한다.)

나) He said the statement to be true.

(1) statement[stéitmənt] 진술, 말함/say는 5형식의 불완전 타동사로 사용 못함

〈정답〉

He said that the statement was true.

(그는 그 말이 사실이라고 말했다.)

다) I don't know to say what to you.

   (1) 의문사 what+부정사 to say는 know의 목적어(명사구)

   〈정답〉

   I don't know what to say to you.

   (나는 너에게 무어라고 말해야 할지 모르겠다.)

라) I don't know whom to go.

   (1) 의문사 whom+부정사 to go with; '~와 함께'라는 의미를 가져야 하므로 전치사 with가 필요함. 이 때 전치사 with를 whom 앞에 가져가 with whom to go도 무방함

   I don't know whom to go. (X)

   I don't know whom to go with. (O)

   I don't know who to go with. (O)

   I don't know with whom to go. (O)

   I don't know with who to go, (X)

   《참고》

a chair to sit on[in]=(위에) 앉을 의자,

a house to live in=(안에 들어가) 살 집,

a pencil to write with=(가지고) 쓸 연필

〈정답〉

I don't know whom to go with.

=I don't know who to go with.

=I don't know with whom to go.

(나는 누구와 함께 가야 할지를 모르겠다.)

마) I wanted to come into the library for a moment.

(1) want+목적어+to부정사=~가 to 이하 하기를 원하다

예. I want you to call me early tomorrow morning.

(나는 당신이 내일 아침 일찍 내게 전화해 주길 바랍니다.)

library[láibrèri]도서관/for a moment=잠시 동안

〈정답〉

I wanted you to come into the library for a moment. (나는 당신이 잠시 동안 도서관 안으로 들어오기를 원했다.)

가능하면 사전을 찾아보는 시간 혹은 답을 찾아보는 시간을 줄이도록 노력했다. 또한 발음기호를 가능하면 표시해서 어학공부에 필수적인 발음도 신경쓰도록 했다.

귀찮은 것을 싫어하는 우리 다독파들에게는 안성맞춤이다.

수학 교재 샘플

좌표공간에서 세점 A(4, 0, 0) B(0, 6, 0), 에 대하여 선분 AB의 중심을 D, 선분 BC를 2:1로 내분하는 점을 E라고 하자.

점 P가 선분 DE위를 움직일 때, 두 벡터 $\overrightarrow{OP}$와 $\overrightarrow{AP}$의 내적 $\overrightarrow{OP} \cdot \overrightarrow{AP}$의 최솟값은? (단, O는 원점이다.) (4점)

① -2　　　　② $\dfrac{12}{7}$　　　　③ $\dfrac{9}{2}$

④ $\dfrac{32}{7}$　　　　⑤ $\dfrac{14}{3}$

Da 040 답 ④ ★★☆　　　　　문제해결능력(복합) :: 출제의도

명쾌 풀이

1st | 각 점의 좌표를 구해 봐.

A(4, 0, 0), B(0, 6, 0), C(0, 0, 6)에 대하여 선분 AB의 중점 D, 선분 BC를 2:1로 내분하는 점 E의 좌표를 각각 구하면

$$D\left(\frac{4+0}{2}, \frac{0+6}{2}, \frac{0}{2}\right) = (2, 3, 0), \quad E\left(\frac{0}{2+1}, \frac{0+6}{2+1}, \frac{12+0}{2+1}\right) = (0, 2, 4)$$

점 P가 선분 DE 위를 움직이므로

$$\overrightarrow{OP} = \overrightarrow{OD} + t\overrightarrow{DE} = (2, 3, 0) + t(-2, -1, 4)$$
$$= (-2t+2, -t+3, 4t) \ (0 \le t \le 1)$$
$$\overrightarrow{AP} = \overrightarrow{OP} - \overrightarrow{OA} = (-2t-2, -t+3, 4t)$$

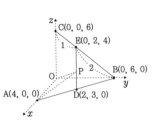

2nd | 좌표를 이용해서 내적을 구한 다음 최솟값을 구해.

$$\overrightarrow{OP} \cdot \overrightarrow{AP}$$
$$= (-2t+2, -t+3, 4t) \cdot (-2t-2, -t+3, 4t)$$
$$= (4t^2 - 4) + (t^2 - 6t + 9) + 16t^2 = 21t^2 - 6t + 5$$
$$= 21\left(t - \frac{1}{7}\right)^2 + \frac{32}{7}$$

따라서 OP · AP의 최솟값은 $t = \dfrac{1}{7}$일 때 $\dfrac{32}{7}$

밑면의 반지름의 길이가 10, 모선의 길이가 30이고 꼭짓점이 O인 직원뿔이 있다. 밑면 둘레 위의 한 점 A에서 출발하여 원뿔의 옆면을 한 바퀴 돌아 점 A로 돌아오는 최단경로를 L이라 하자.

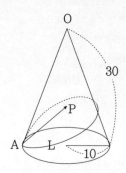

L위를 움직이는 점 P에 대하여 점 B가 $\overrightarrow{AB} = \frac{1}{3}\overrightarrow{AO} + \frac{2}{3}\overrightarrow{AP}$를 만족시킬 때, 점 B의 자취의 길이는? (4점)

① $10\sqrt{2}$ ② $10\sqrt{3}$ ③ $20\sqrt{2}$

④ $20\sqrt{3}$ ⑤ $20\sqrt{6}$

명쾌 풀이

1st | 벡터의 합을 내분점으로 바꾸어 이해하자.

$\vec{AB} = \frac{1}{3}\vec{AO} + \frac{2}{3}\vec{AP} = \frac{2\vec{AP} + \vec{AO}}{3}$ 이므로 $\vec{AB}$는 두 벡터 $\vec{AP}$와 $\vec{AO}$를 1:2로 내분하는 벡터야. 즉, 점 B는 점 P와 점 O를 1:2로 내분하는 점이 돼.

2nd | 점 B를 전개도에 나타내 보자.

최단경로 선분 L과 점 B를 전개도에 표시하면 그림과 같아. 선분 AA'은 선분 L을 나타내고 점 B가 지나는 도형은 선분 XX'가 되지?

3rd | 직선 XX'의 길이를 구하자.

전개도 상에서 ∠AOA'을 θ라 하면 부채꼴의 호의 길이 $r\theta = 30\theta$와 원뿔의 밑면에 있는 원의 둘레 20π가 같게 돼.

$\therefore \theta = \frac{2}{3}\pi$

선분 L, 즉 $\overline{AA'}$의 길이는 제2코사인법칙에 의해

$(\overline{AA'})^2 = \overline{OA}^2 + (\overline{OA'})^2 - 2\overline{OA} \cdot \overline{OA'}\cos\frac{2}{3}\pi$

$\overline{AA'} = 30\sqrt{3}$ $\overline{XX'} = \frac{2}{3} \times \overline{AA'} = 20\sqrt{3}$

다른 풀이

점 O에서 선분 AA'에 수선의 발 M을 내리자.

전개도 상의 점 O에서 선분 AA'에 수선의 발을 내려 직각삼각형을 이용하여 $\overline{AA'}$을 구할 수 있어. ∠AOA' = $\frac{2}{3}\pi$ 이므로 삼각형 OAM은 ∠AOM = $\frac{\pi}{3}$ 인 직각삼각형이 되고 $\overline{OA} : \overline{AM} = 2 : \sqrt{3}$이 되어, , 즉 $\overline{AM} = 15\sqrt{3}$ $\overline{AA'} = 30\sqrt{3}$

$\therefore \overline{XX'} = \frac{2}{3} \times \overline{AA'} = 20\sqrt{3}$

[내분점의 벡터 표현]

$\vec{AP} = m\vec{AB} + n\vec{AC}$

$m \geq 0$, $n \geq 0$ 이고 $m + n = 1$이면 점 P는 $\overline{BC}$ 위의 점이다.

여백은 보조문제를 만들거나 부족한 설명을 보충하도록 하면 된다.

바로 답을 찾아 볼 수 있도록 배려하여 귀찮음과 거리가 먼 우리 다독파들이 즐겨 공부할 수 있도록 했다. 참고로 난이도 별로 써클1,2,3 정도에 대응하는 형태로 분류까지 되어진다면 아주 멋진 문제집이 될 수도 있을 것이다.

참고로 위의 예들은 수능 내지 모의고사 기출문제중 4점짜리만 모아놓은 것이다. 소위 써클3라 하면 되겠다. 문제와 답이 한 페이지에 들어가 있을 뿐 아니라 써클별로 구성되어 있는 문제집이 나오길 기대한다.

즉 문제집 자체가 단원별이 아니라 난이도별로 기초편, 기본문제편, 심화문제편으로 크게 3분 혹은 4분되어 있는 그런 문제집이면 금상첨화일 듯 하다.

뜻있는 출판사의 협력을 통해서 '세상을 바꾸는 공부법'의 실용 시리즈로서 이런 형태의 책들이 출판되어지기를 간절히 바란다.

경험담

➕ 배민지 - 고등학교때부터 외국 경험이 많았던 꿈많은 대학교 4학년

이 공부방법의 가장 중요한 핵심이자 가장 큰 장점은 공부를 건강하게 할 수 있다는 것이다. 정신적, 신체적으로 고통을 최대한 받지 않으면서 자연스럽게 그리고 효율적으로 공부 할 수 있다고 생각한다. 다이어트에 비교하자면 균형있는 운동과 함께 굶지 않고 하는 건강한 방법, 즉 가장 이상적인 방법이라 말하고 싶다. 사실 시험을 준비하는 학생들에게는 과목별로 흥미롭고 새로운 팁들이 적지 않다. 특히나 영어를 비롯한 외국어공부를 하는 사람들에게는 진리의 방법이라 할 만큼 크게 도움이 될 것이다. 원리를 깨닫고 익숙해지다 보면 공부에 맛들리게 될지도 모른다.

입시 위주의 치열한 공부를 감행해야하는 어쩔 수 없는 사회 분위기 속에서 성적향상이라는 눈 앞의 목표만 쫓다 보면 조급한 마음에 다른 것은 생각하지 않고 무작정 공부만 하기에 바쁘다. 그래서 다른 것들에 소홀하게 되고 건강도 잃게 되며 점점 더 나아가 정신 건강에도 영향을 미쳐 오히려 무기력해지고 우울증에 걸리게 되는데 어글리 킴의 공부방법은 균형, 리듬을 맞춰서 건강과 공부 모두 서로 시너지 효과를 내면서 일거양득 할 수 있는 공부방법인 것 같아서 좋았다.

또한 막상 몇 시간씩 엉덩이를 붙여 가며 앉아있어도 시간만 흐를 뿐 성적이 오르지 않으면 '난 머리가 나쁜가봐..'라며 자책도 많이 하게 됐는데 그게 괜한 자기비판이라는 걸 깨달았다. 좀 더 효율적인 방법으로 훨씬 적은 시간을 들이면서 더 집중해서 암기력, 이해력도 높이는 공부방법이 있었는데도 그 방법을 몰라 스스로를 자책하고 시간을 허비한 것이다. 좀 더 다양한 공부방법, 몸과 정신까지 건강해지면서 성적도 향상시키는 혁신적인 공부방법인 것 같아서 점점 더 기대된다.

어글리 킴 선생님의 영어공부법으로 공부를 하고 있는 안설현 이라고 합니다. 몽테크리스토 백작 이라는 명작읽기 책으로 공부중이고 현재 3분의 1정도 진도가 나갔습니다.

경험담

장점은 첫 번째로 따라 하기가 쉽다.

공부하는 것 자체가 어려운데 공부법마저 어렵다면 효과가 있을까요? 저는 이 공부법의 제일 큰 장점으로 따라 하기 쉽고 공부법을 익히는 것이 쉽다는 게 장점이라고 생각합니다.

두 번째는 반복적인 학습방법으로 리듬감이 있다.

공부를 하다 보면 중간에 고비가 오기 마련이고 중간에 흐름을 잃게 되어서 어느 부분을 공부해야하고 내가 지금 공부를 잘 하고 있는 건지 막막해 지는 순간이 있는데 이 공부법은 비교 적으로 반복적인 패턴을 따라 하기 때문에 중간에 막히는 경우가 없다는 것.

세 번째는 컨디션을 조절 할 수 있다는 것.

공부법에 따르면 복습과 예습의 비중을 조절해서 좌뇌와 우뇌를 적절히 사용 하게 큼 하는 데 저는 개인적으로 공부를 하게 되면 편두통으로 증상이 바로 나타나서 그날에 따른 컨디션을 조절 할 수 있는 도움이 되고 공부할 때 복습과 예습의 비중을 조절 할 수 있기 때문에 그것 또 한 큰 장점이라고 생각합니다.

➕ 김나은 - 토익장수생이자 대학생

"기적"의 카운슬링!

부끄럽지만 저는 토익 장수생으로, 스스로도 답답함을 느끼는 처지였습니다. 학원에 갈까 했지만 너무 적성에 맞지 않는 것 같아 선뜻 가지 못했고, 독학만 되풀이 하던 중 오르지 않는 점수에 제가 잘못된 공부법을 가지고 있는 것은 아닌가 하는 생각을 하게 되었습니다. 그래서 관련 서적이나 성공 사례 후기도 뒤져보았죠. 공감이 가면서도, 정작 제 어디가 잘못된 건지는 확실히 짚지 못했습니다. 그런데 우연히 기회가 생겨 어글리 킴 선생님의 카운슬링을 받게 되었고, 저는 정말 짧은 시간 안에 제 문제가 무엇이며, 어떻게 고쳐야 하는지 명확한 답을 듣게 되었습니다.

어글리 킴 선생님의 말씀은 "역설 같은 정설"입니다. 즉, 학원 갈 필요 없다. 공부 오래 하지 않아도 된다. 같은 말도 안 되는 말들로 시작해 처음에는 무슨 소리인가 싶지만, 그것이 곧 내가 가야 할 길이라는 것을 아주 쉽고 좋은 예와 비유들로 말씀해 주신다는 겁니다. 믿기 힘드시겠지만, 선생님의 상담 내용에는 주장 하나마다 곧 간단하고도 명확한 이치의 근거가 꼭 따릅니다. 지치는 공부에서 벗어나 다시 시원하게 공부할 마음을 잡게 해주신 선생님께 감사하다는 말을 전하고 싶습니다.

➕ **임채준** - 군에서 제대 후 새로운 길을 찾고 있는 경계인

오늘 새로운 공부방법에 대해 들어보고 시간을 가졌는데 공부과목에 대해 철저히 분석한 다음 그에 맞게 공부 접근법을 알려주셨는데 기존에 제가 공부 잘되는 방법과 비슷한 점

도 있구 더 보완하고 첨가해서 좋은 결과를 나을 수있을 것 같다는 생각이 들었습니다.

자기가 공부하는 거에 비해 효율이 안오르는 것 같고 공부 방법이 서투르시거나 확신이 없다 생각하시는 분께 적극 추천 해드리는 프로그램이라고 생각됩니다.

➕ 이미래 - 전문분야에서 인정받고 싶어하는 대학생

아무래도 기존에 사용했던 공부방법과는 완전히 다른 공부방법이어서 과연 이게 가능할까 생각이 많이 들었는데, 막상 시행해보니까 적응만 되면 정말 괜찮은 공부방법인 것 같다. 하지만 이 공부방법에 나에게 완전히 적응하는데에 좀 시간이 많이 걸리는것 같다. 이 공부방법의 장점은 무엇보다도 어떤 과목이든 적용할 수 있다는 점이 가장 큰 장점인 것 같다. 나에 평소 습관은 주로 샤프나 연필로 종이에 마구 써서 외우는 버릇이 있었는데. 그런 버릇 탓인지 소화도 잘 안되고, 몸이 자꾸 오른쪽으로 쏠려서 자세도 항상 틀어지게 되었고, 허리 통증도 있었다. 하지만 이 공부방법을 접하고 나서 그런 습관은 아예 사라졌다. 왠만하면 손과 머리로 외우려고 하는 버릇이 생겼다. 하염없이 계속 듣게 되다 보니 지겹다는 생각도 들지만, 예습을 함으로써 이런 생각이 상쇄되는 면도 있는 것 같다.

➕ 박○○ - 고등학생

수학을 이렇게 시도해 보았는데요. 영원히 이해되어질 것 같지 않은 부분들이 몇 가지 조건만 갖추어진다면 단순한 반복을 통해서도 점차 이해되어진다는 사실을 알고 놀랐어요.

➕ 유○○ - 고등학생

영어듣기를 스마트폰 앱으로 실행해보았어요 처음에는 듣기 말하기가 정말 어색하고 제 목소리를 듣는 것이 이상했는데 몇 번 하다 보니 차차 이렇게 공부하면 굳이 유학연수 갈 필요가 있나 하고까지 생각하게 되었어요.

➕ 강○○ (21세) - 재수생

딴 건 모르겠고요 몇 가지 요령들 이를테면 첫 글자 써서 문제내는 거 옆에 표기하는 걸로 반복해대니 이해되던데 암기에 자신이 없었던 저한테는 아주 좋았죠 다른 요령도 꽤 많이 시도해 보는데 그럴 듯 해요.

➕ 안지원 - 고등학생

처음에는 발뒤꿈치를 들고 다니는게 정말 이상했는데요 자꾸 하다보니 뭐 건강에도 좋겠다 생각이 들긴 하드라구요 요즘은 저도 모르게 등하교길에서도 발뒤꿈치를 들고 걸어요. 참 간혹 마사지해서 근육은 꼭 풀어주는 편이 좋아요.

➕ 최○○ - 고등학생

원래 미드를 이용해서 영어듣기를 했는데요 몇 가지 요령들을 알고 나니 나름대로 쓸만 하더군요 자막 속도를 약간씩 조정해보세요. 다양하게 이용할 방법이 있어요.

어글리 킴의 크로스 시리즈

세상을 바꾸는 공부법 초판
눈으로 읽는 크로스 수학 기출문제집 A형
눈으로 읽는 크로스 수학 기출문제집 B형
세상을 바꾸는 크로스 공부법
　　　　– 무조건 따라하면 어학연수보다 나은 외국어공부법

눈으로 읽는 크로스 영어 기출문제집 (예정)
한권으로 끝내는 크로스 중고 기초과정 수학(예정)
한권으로 끝내는 크로스 중고 기초과정 영어(예정)
세상을 바꾸는 크로스 공부법(예정)
　　　　– 무조건 따라하는 일반인 천재만들기 프로젝트
　　　　– 무조건 따라하는 게임보다 재미있는 암기과목 공부하기
　　　　– ……

어글리 킴의 이메일 주소 | kimuijung7487@daum.net

어글리 킴의 카페(다음카페)
세상을 바꾸는 공부법 | http://cafe.daum.net/RevolutionInstudy

많은 피드백 바랍니다
세상을 바꾸는 공부법 시리즈의 또다른 저자는 독자분들이십니다.